のんちゃん先生の楽しい学級づくり
22のアイデア

野口美代子

のんちゃん先生の紹介

のんちゃん先生の趣味は寝る事と食べる事です。
スポーツは主にバドミントンをやっています。
先生はとても絵をかくのがうまいです。
得意な絵はミッキーなどです。先生は手品もうまいです。
先生はとても優しいです。
そしてなんといっても食べ物が大好きです。
給食の時にはしんどい時でも元気になってしまいます。
のんちゃん先生は人気のある先生です。
（尼崎市立花小学校のホームページ「児童がつくったクラス紹介」より）

高文研

もくじ

〈1〉着任式 ———————————————— 1

〈2〉学級びらき ————————————— 5

〈3〉学級びらきの会（その1）——————— 11

〈4〉学級びらきの会（その2）——————— 15

※おまけのアイデア〈1〉 ステレオゲーム ——— 20

〈5〉ちょっぴり変わった座席 ——————— 21

〈6〉学級の仕事はやる気で決めよう！—— 26

〈7〉班でとりあう係活動 ————————— 31

※おまけのアイデア〈2〉 まほうのトランプ —— 35

〈8〉朝の会の「3文」スピーチ —————— 36

※おまけのアイデア〈3〉 おかしなロープ ——— 40

〈9〉 楽しいピクニック給食 ──── 41

〈10〉 学級新聞づくり ──── 48

〈11〉 どきどきわくわくの「班がえ」 ──── 54

〈12〉 終わりの会でその日のトラブル解決 ──── 60

〈13〉 ドッヂボール秘密作戦 ──── 67

〈14〉 みんな遊び ──── 72

〈15〉 お誕生会 ──── 76

〈16〉 頼りになる算数リーダー ──── 84

※おまけのアイデア〈4〉 ムカデ競走 ──── 88

〈17〉 ヤッター！ 漢字テスト全員100点！ ──── 89

〈18〉 いろいろパーティーといろいろ大会 ──── 95

〈19〉 参 観 日 ──── 100

※おまけのアイデア〈5〉　おやすみ通信 ──── 103

〈20〉家庭訪問はドラえもんを持って ── 104

　※おまけのアイデア〈6〉　コップとボール ──── 107

〈21〉ストレスをかかえる子どもたち ── 108

〈22〉一年間のしめくくりの会 ──── 115

　あとがき ──── 121

本文イラスト＝広中　建次

装丁＝商業デザインセンター・松田　礼一

のんちゃん先生の楽しい学級づくり

〈1〉着任式
手品の先生登場

●●● 出会いで子どもの心をつかむ

　1998年4月、兵庫県尼崎市立立花小学校に転勤しました。新しい学校の子どもたちとのはじめての出会いで、子どもたちの心をつかみたい、早く私のことを覚えてもらいたいと思い、「手品」をしようと決めていました。それも、とっておきのやつです。タネを仕込んだ新聞紙を右手に持って、半分ほど水の入ったコップをそっと朝礼台のすみっこに置いて、朝礼台に上がりました。

　「今度、園和小学校から転勤してきました野口美代子といいます。趣味は、食べることと寝ることです（笑いがおこります。これだけでも、ちょっと変わった、おもしろい先生だなという印象をあたえます）。特技は、バドミントンとマンガを描くことと、（一息おいて）『手品』です（"へえーっ！"という声とともに、期待の視線が感じられます）。今日は、ごあいさつの代わりに『手品』をします。（"やったー！"という歓声）。これは、さっき事務室でもらったふつうの新聞紙です。（本当はタネを仕込んだ新聞紙ですが）」と言いながら、一枚ずつめくって開いて見せます。

　「これを四つにたたんで、このまん中に（まん中に少しすき間をつくってから、水の入ったコップを持って）、水を入れます。」

　すると、新聞紙の中に入ったはずの水がどこからもこぼれなくて、消えてしまいます。ここで、「わあーっ！」と拍手がおこります。

　「あれーっ！　お水はどこに行ったんでしょう？」と言うと、必ず1人か2人「わかった！　ビニール袋が入ってんねんや！」と言う子

がいます。すかさず、「すごい！ いい考えや。そんなふうに、何か仕かけがあるはずやって考える子、大好き。じゃあ、この新聞紙、横にしてみようか（横にしても水がこぼれないので、びっくりします）。じゃあ、逆さまにしてみるよ（逆さにしてもこぼれないので、もう声が出ません）。ビニール袋やったら、逆さにしたら水が出てくるよね（逆さにしたまま新聞紙を開いてめくって見せます）。お水、どこへ行ったんだろう？ 消えてしまったのかな？（新聞紙を四つにたたんで、元の向きにもどしながら）では、みんなで、『お水、出てこーい』って言ってくれる？ いっせーのーで！」と言うと、みんなとても元気よく「お水、出てこーい！」と言ってくれます。

　「はーい！」と言いながら、朝礼台のまわりにぐるーっと、さっきの水を撒きます。「わーっ！」という歓声とともに、さっきよりも大きな拍手がおこります。

　「先生は、怒っているとき以外は、いつもにこにこしていますから、ろうかや階段で出会ったら、野口先生って声をかけてくださいね。よろしくお願いします。」

　これで、私はたちまち全校児童の人気者になってしまいました。子どもたちは、出会うたびに「手品先生」「マジック先生」「手品して！」と声をかけてくれ、「名前は、覚えてるかな？」と聞くと、「野口先生！」と元気よく言ってくれました。

●●● 出会いを大切にするということは、子どもを大切にすること

　その年、私は、3年生の担任になりましたが、みんな「この先生がいいな」と思ってくれていたそうです。

　この年の6年生は、5年生の時に少し荒れて、それで毎年クラス替えをすることになったのだそうですが、その荒れの中心になっていた女子たちが、私が大型ごみのごみすて場で何かリサイクルできるものはないかと物色していると、必ずやって来て、「また、ごみすて場にいる。リサイクルおばさん」と言いながら、しばらくしゃべっていくのです。着任式の手品で親しみを感じてくれたのでしょうか。転勤してきたばかりの私に、過去のできごとやつらかったこと、深く傷つい

ていることなどを切々と話してくれました。
　何よりもうれしかったのは、この子たちが、修学旅行のバスレクでクイズをするからと質問に来たときです。「好きな歌手やタレントは誰か？」なんて聞くから、「そんなん、昔の人しか知らんわ。もっといいこと聞いてよ！」と言うと、「例えば？」と聞くので、「例えば、だいじにしているものは何ですかとか…」と答えると、「そんなん、聞かんでもわかってるやん！」と声をそろえて言うのです。びっくりして、「何や？」って聞くと、また声をそろえて「子どもやろ」って言われて感激してしまいました。「子どもの気持ち」と答えるつもりだったのです。
　担任もしていない私を、そんなふうに思ってくれたのはなぜでしょうか。子どもたちとの出会いを大切にするということは、子どもを大切にするということだと、この子たちは直感してくれたのだと思うのです。

●●● 手品を研究する、もう一つのわけ

　前任校での離任式でも、手品をしました。子どもたちは、「もう最後やねんから、仕かけ教えてえや」と言いましたが、「何ごとにも、

つねに何でかな？　何か仕掛けがあるはずやと考える人になってほしいから手品をしてるので、教えてしまったら自分で考えられなくなるから、ごめんね」と言いました。

　でも、子どもはすごいです。見破られてしまったものもいくつかあります。「何でかな？」と考える姿勢は、超能力などにごまかされない科学的なものの見方を育てるだけでなく、友だちの荒れた行動に対しても「何か原因があるはず。何であの子はあんな行動をするのだろう」と、私と同じ視線で原因や背景を考え、友だちをより深く理解しようとする姿勢を育てることにつながると思うのです。

　実は、私は子どものころから何でもすぐに信用してしまい、暗示にもかかりやすく、感覚的で情緒的で、科学的に物事を考えるということがとても苦手だったのです。もっと科学的に考える人にならなくっちゃ！　と思っていた新卒5年目ごろに、たまたまデパートで手品の実演を見て感動してしまい、「このセットを買ったら、本当に私にもできるの？　絶対に買うから、やり方を教えて」とねばって、やり方を教えてもらったのです。仕掛けがわかったら簡単なことですが、これを最初に考え出した人はえらい！　と感心しました。当時は7点セットで1500円でしたが、その一つが「水と新聞紙」なのです。

　うれしくて、何度も練習して、人に見せまくりました。が、すぐ調子にのって仕掛けを教えてしまうのが悪いくせだと、よく母に言われていました。

　でも、今は、1人でも多くの先生が子どもたちに手品で心をかよわせてやってほしいと思うから、必ずタネ明かしをします。そのおかげで、お礼に新しい手品を教えてもらえることもあり、レパートリーはどんどん広がっていきます。

　お誕生会や歓迎会、お別れ会などにも必ず手品をするので、子どもたちも本で調べたり、おじいちゃんに教えてもらったりした手品を班の出し物でしてくれて、また教えてもらえます。「参観授業の終わりの方で一つだけ手品をします」なんて知らせておくと、ほかの学年のお母さんまで見に来たりして、笑ってしまいました。朝会で、司会の順番がまわってきたときも必ず手品をしてやります。

のんちゃん先生の楽しい学級づくり

〈2〉学級びらき
子どもたちの期待を受けとめる出会いの演出

●●● 教室に入るまえに握手

始業式で担任の先生が発表されたあと、教室に入って、いよいよ子どもたちとの初顔合わせです。その前に教室の入り口で、「教室に入ったら、まず黒板に書いてあることをすみずみまでよく読んで、そのとおりにしてください」と言ってから、1人ひとりに「よろしくね」とか、「がんばろうね」と声をかけながら握手をします。

びっくりして恥ずかしそうに手を出す女の子、ぎゅっと握りかえして「先生、気に入ったで！」と目で合図してくれる元気のいい男の子、「よろしくお願いします」なんて言えるおしゃまな子、いろいろですが、みんなうれしそうです。

●●● 「出会い」を演出する3点セット

黒板には、右側に「3年生に進級、おめでとう！　1年間、なかよく楽しくやっていきましょう！　自分の席にすわったら、机の上のものをすみずみまでよく読んでいてください」というメッセージ、中央を少し空けて、左側に、黄色の画用紙で作った子どもの名札（たて8センチ、よこ4センチぐらい、裏に磁石がついている）を名簿順に貼った、コの字型の座席図があります。子どもたちの机上には、私の自己紹介のプリントと学級通信第1号が置いてあります。この2枚と座席で3点セットです。

教室に入った子どもたちは、黒板の座席図から自分の名前を見つけて席に着くと、私の自己紹介のプリント（6ページ）に見入ってしま

す。実物の私と見くらべながら、一つひとつ確かめるように読んでいる子もいます。これが、私の「出会い」演出のパターンです。

　はじめに座席を決めておくのは、早く子どもたちの名前と顔を覚えたいためで、不都合なことや困ることがあれば言うこと、また、こんな席にした理由は、先生からみんなの顔がよく見えるように、みんなには先生の声がよく聞こえるように、そして発言している人の顔を見て話が聞けるように考えてのことであること、2週間ぐらいはこれでいきたいことなどを話して、子

▲B4の自己紹介「わたしはこんな人です！」

どもたちの了解を得ます。了解を求めるのは、決して先生1人で何もかも決めてしまうつもりはなく、何でもみんなで話し合って決めていきたいと思っていることを表明したいからです。

　実は、新任で5年生を担任したときに、何の準備もせず好きなところにすわらせて、前に集中してもらうまでが大変だったので、先手必勝という気持ちからやり始めたのがきっかけです。

●●● ミッキーマウスの速書きと手品

　子どもたちが、読み終えたころを見はからって、2枚のプリントにそって私の自己紹介を始めます。「マンガも描ける、手品もできる器用なあったかい手」というところで、「マンガ描いて！　手品して！」と、大合唱がおこります。私は、高校2年生のとき「もし大学をすべったら、マンガ家かコックさんになろう」と決心して、夏休み中、ディズニーマンガの速書きの練習をしていましたので、ミッキーマウスな

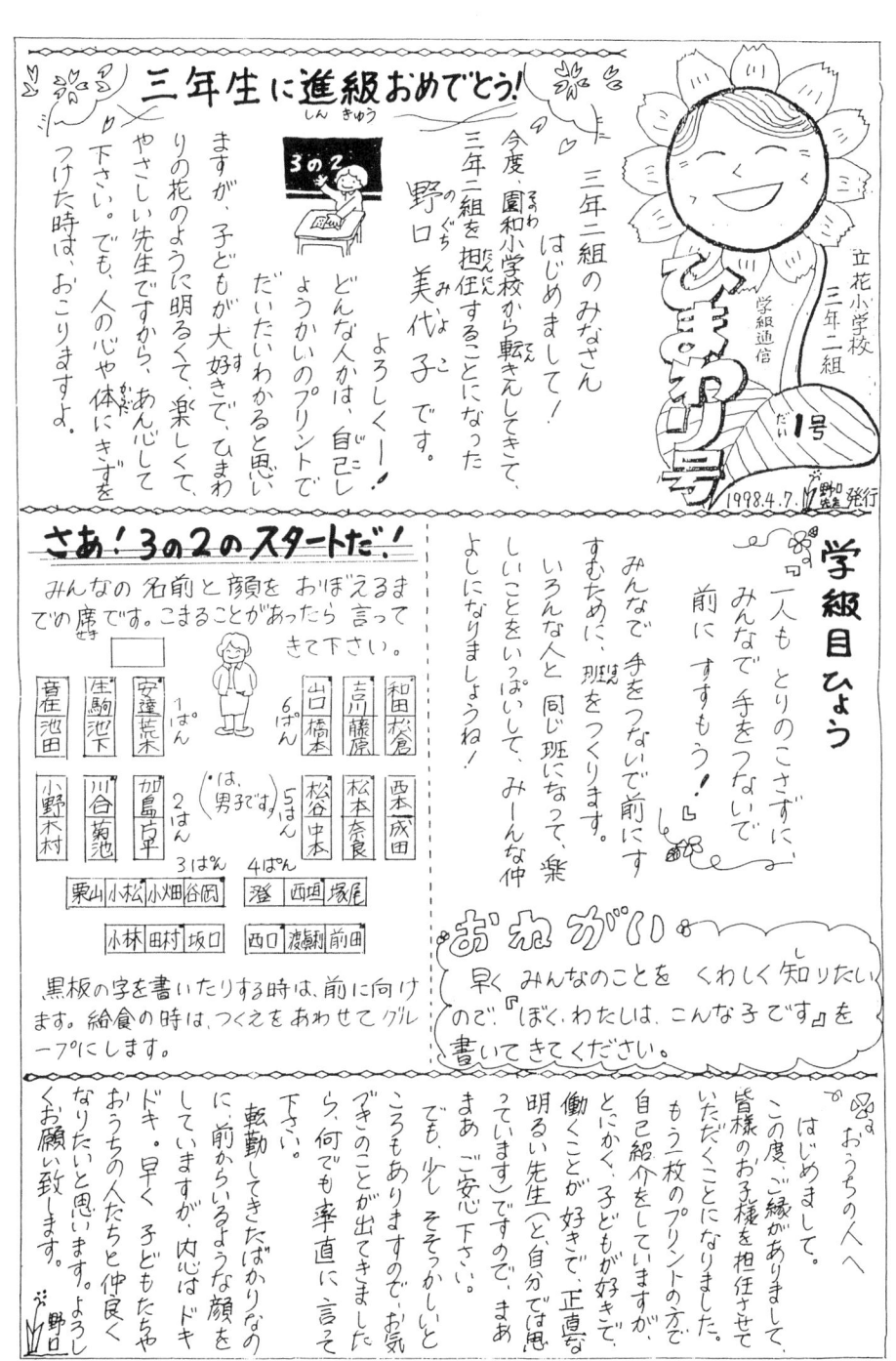

▲始業式の日、子どもたちの机の上に置いた学級通信第１号の『ひまわり号』。

ど10秒で描けるのです。
　「速いよ。10秒で描けてしまうからよく見てないと」と言うと、「よーいスタート、10、9、8…」とカウントダウンが始まります。黒板の中央に大きなミッキーマウスが本当に10秒以内でできあがると、子どもたちの歓声とともに、大きな拍手がおこります。中には「先生、もしか大学すべっとったらマンガ家になれとったのにねえ」と惜しんでくれる子もいます。
　手品は、これもとっておきの「紙コップの底をスポンジのボールが通りぬける」のをやります。子どもたちは尊敬のまなざしで見てくれます。手品でなくても、自分の得意なものなら、逆立ちでも、ギターでも、ものまねでも、何でもいいと思います。何か一つ、子どもたちのために先生がする、その気持ちが伝わればよいと思うのです。

●●● どの子もみんなだいじにしたいから

　次に、学級通信を読みながら「学級目標は『１人もとりのこさずに、みんなで手をつないで前にすすもう！』です。先生はどの子もみんなだいじにしたいのです。もしも、みんなで手をつないで進んでいるときに、お友だちがこけたらどうしますか？」と聞きます。
　前に担任した１年生では、「ひきずって行く！」と答えた子がいました。「ひきずったら、足が血だらけになるよ」と言うと、「そしたら、ほって行く！」と言うので笑ってしまいました。「放って行ったらみんなで前には進めないよ」と言うと、困ってしまったのです。
　二つ目の学校に転勤したときの５年生では「みんなでこけます」と言われてびっくりしました。「みんなでこけたら前には進めないよ」と言うと、「だき起こしてあげます」と言いました。この答えがいちばん多いのですが、「今、起きようと思ってるんや、ほっといてくれやと言われたらどうする？」と聞くと困ってしまいます。
　友だちがこけたときは、すぐに起こさないで、どんな石につまずいたのか、まず足もとの石を見て、小さな石だったら「がんばれ」と励まして自分で立たせる、中くらいの石だったら手を引いてやってとびこえさせてあげる、大きな石だったらまわりの人に呼びかけていっしょ

〈2〉学級びらき

に引っぱってあげる、深い落とし穴に落ちこんでいたら、みんなで「よいしょ」と引き上げてあげる。その子のつまずきの程度によって、答えだけを教えるのではなくて、援助のしかたを考えてあげるのが本当の友だちであることを教えます。

　これは、クラスに障害をもった子がいる場合に、何もかもしてやって赤ちゃん扱いしてしまうのでなく、その子のできることとできないことをきちんとつかんで、できることを増やしていくためにもだいじだと思っています。

●●● 怒るのはどんなとき

　「先生は、人の体や心に傷をつけたときは怒ります。そのときはめちゃめちゃ怖いです。でも、いつもはとってもやさしいよ」と、明るいトーンで1年のスタートをきります。とくに暴力的な子がいる場合には、どの子のうしろにもわが子をだれよりもだいじに思っている親がいて、勉強してかしこくなってほしい、みんなと遊んで友だちをたくさんつくってほしいと願って学校に行かせており、他人に傷つけられて帰ってきたら悲しいし、傷つけた子を絶対許さないで怒ってくること、先生はみんなの安全を体を張って守るけど、もし傷つけてしまったときは、きちっと事実を確かめて事情も聞くが、どんな理由があってもまず、傷つけた子とその子の親と先生でいっしょにあやまりに行くことなどを宣言しておきます。

　また、心を傷つけるとはどんなことかは、知らずに傷つけてしまう場合もあるので、そのつど教えてあげると言っておきます。そのためには、私自身も常に自分の人権感覚をとぎすましていなければならないと思っています。自分の人権を守れない教師に、子どもの人権は守れないと思うからです。「基本的人権を侵すことには怒る」という教師の毅然とした姿勢を示したいと思います。

　このあと、20分休みにはみんなでドッヂボールをして遊び、新しい教科書をもらって乱丁がないか調べ、個人用のロッカーを二つずつわり当てて、これから1年間お世話になる教室をみんなでそうじして、1日目が終わります。

●●● 夕食のだんらんでの話題に

　初日の「おねがい」として、「早くみんなのことを知りたいから、先生の自己紹介のプリントを参考にして、『ぼく・わたしは、こんな子です』を描いてきてほしいのです。先生みたいにうまくなくてもいいので、わかるように描いてください。明日の『学級びらきの会』では、それを見ながら１人ひとり自己紹介をしてもらいます」と言いながら白い紙を１枚くばります。
　「ええーっ！」と言いながらも、「よっしゃー！」とみんなやる気まんまんです。中には「ぼく、絵がへたや！」と言う子もいますが、「人間の体やということがわかればいいよ。だいじなのは、そのまわりのことばだよ。あなたのことを少しでも早く知りたいから、描いてくれるだけでうれしいよ。まちがっても、先生みたいにうまく描こうなんて無理しないこと」と言って安心させてやります。
　子どもたちは、早く先生に覚えてもらおうと、私の自己紹介のプリントをまねて一生けんめい描いてきてくれます。お気に入りの服を着せていたり、きれいに色をぬったり、私よりもはるかに上手に描けている子もいて、楽しみながら描いているようすが目に浮かぶようです。この子どもたちの自己紹介プリントは、私の宝物として毎年もらっています。
　学年が変わるたびに子どもたちは、「楽しい先生かな？　楽しい１年になるかな？」と、期待と不安で胸をドキドキさせています。その子どもたちの期待をしっかり受けとめ、帰りはニコニコ顔でスキップでもしながら、元気よく玄関の戸を開けて、夕食のだんらんでは私のことが話題になるような、そんな出会いにしてやりたいといつも思っています。そんなわが子のようすだけで、お家の人たちは安心してくれるでしょう。
　今は、保護者の信頼を早くつかむことが重要な課題になってきています。そのために、自己紹介のプリントと学級通信は欠かせません。「こんなことしてもらったのははじめて！　やる気のある先生みたい」と思っていただけたら大成功です。

のんちゃん先生の楽しい学級づくり

〈3〉学級びらきの会（その1）

会場づくりはみんなで手分けして

●●● プログラムの提案

2日目の1時間目は、約束どおり子どもたちが自己紹介をする「3の2学級びらきの会」です。

私「今から『3の2学級びらきの会』をします。はじめにプログラムを提案します。1番、はじめのことば。2番、歌『人間っていいな』みんな知ってるよね、

》プログラム《

1、はじめのことば
2、歌「人間っていいな」（みんな知っているから）
3、一人ひとりの自己紹介
4、みんなでゲーム
5、先生の出し物（手品）
6、おわりのことば

先生この歌大好きなの。テープがあるから歌ってくれる？（いいよ！の声）。次に、みんながきのうお家で書いてきた1人ひとりの自己紹介『ぼく・わたしは、こんな子です』を見ながら、自分のいいところを宣伝してください。その次が、みんなでゲーム、これはお楽しみ。5番、先生の出し物、これもお楽しみ（やった、手品や！）。最後が、おわりのことばです。何か質問はありませんか？」

健「何で、その歌好きなん？」

私「おやつを食べたり、ポタポタおふろに入ったり、あったかいふとんで寝られるのは人間だけやから。きつねもうさぎも牛や馬もおふとんで寝られないし、人間に生まれてよかったなあって、しみじみ思うねん」（みんな、「ふーん」と納得）

私「ほかにありませんか。では、このプログラムでいい人は手をあげてください」

みんな「はーい」

●●● したい仕事に立候補

私「では、会を始める前に、会場づくりをしたいと思います。『3の2学級びらきの会』と先生が書いた色画用紙の文字をはさみで切りぬいてくれる人、ちり紙で花を作ってくれる人、五色の紙テープを黒板の中央から教室の四方へかざってくれる人、色画用紙にプログラムを書いてくれる人、それぞれ自分の好きな仕事にわかれて、20分ぐらいで仕あげたいと思います。材料と道具は、給食の配膳台の上にあります。何か質問はありませんか？」

質問もなく、子どもたちは、材料を見ながらどれにしようかまよっています。

私「では、字を切りぬいてくれる人。10人までいけます」

7人の手があがりました。

私「じゃあ、早く切れた人から2枚目を切ってね。1班の人が3人で多いから、字を切る仕事は1班の場所でしてください。次は、プログラムです。これは、あまりたくさんいりません。字を書くのが好きな人」

みんなの目が、KさんとTくんに向きます。字が上手なのでしょう。KさんとTくんが手をあげてくれました。すると、Yくんも手をあげて「ぼく、字、うまくないけど、書きたい」と言いました。Yくんに触発されて、MさんとSさんも「私も、プログラムのまわりにかざりの絵とか描きたい」と言い出しました。

私「いいよ。やる気がだいじ。5人で手分けしてすてきなプログラムにしてね。プログラムは、先生の机の上で書いてください。では、次、紙テープでかざってくれる人。これがいちばん危険で、人数もいるんです」

残りの男子全員が「よっしゃー！」「まかして！」と手をあげてくれました。

　私「さすが！　やる気まんまん。先生もここを手伝います。最後、ちり紙で花を作ってくれる人」
　残りの女子全員が手をあげました。
　私「わあ、ありがとう。紙折り機の『花子ちゃん』をかしてあげます。ちり紙を4枚重ねて、ここにのせて、レバーを引くと、こんなふうに折れます（わあー！）。まん中に輪ゴムをまいて、1枚ずつちり紙をおこしていくと、このとおり花になります。できあがったのから、セロテープを輪にしてつけて、黒板のまわりに貼っていってください。6班と5班の机を合わせて、そこでしてもらおうかな」
　女子は大喜び。男子の中から、「わあー、いいなあ。ぼくも、『花子ちゃん』やりたい」という子が出てきましたが、「また、今度」ということで納得しました。
　さっそく、会場づくり開始です。元気者のBくんが机の上に乗って、黒板の上の中央のところに五色の紙テープを20本たばねて押しピンでしっかりとめておさえています。ほかの男子が1本1本のテープの端を持って、好きなところに広がっていきました。私のイメージは、五色を一束にして4か所に広げるというものだったのですが、まるでくもの巣状に広がってしまいました。

たるみすぎや、張りすぎ、間隔も広すぎたりせますぎたりですが、3年生とはいっても、2日前まで2年生だったのですから、無理もありません。机に乗ったり、窓枠に乗ったり、落ちそうになったりしながらがんばったという自負があるのでしょう。「やったぞ、かっこいい！」と誇らしそうな、満足そうな顔が何ともかわいくて、笑ってしまいました。
　ほかの仕事も、それぞれのグループの中にリーダーシップを発揮するというか、仕切る子が出てきて、紙テープがはりめぐらされたころにはプログラムも文字を切る仕事もできあがっていて、裏に磁石を貼っていました。ちり紙の花は、できたところまででいいので、やりかけの花だけ大急ぎで仕上げてもらいました。できたものをみんな黒板に貼って、会場づくりが完成すると、雰囲気がもりあがってきました。
　でも、時間がないときや、とても最初からそんな仕事を分担してできるような学級の状況ではないと判断したときは、前日の放課後に教師一人ででも、可能なかぎりの雰囲気づくりはしておいてやりたいと思います。

のんちゃん先生の楽しい学級づくり

〈4〉学級びらきの会 (その2)
集団遊びで楽しみながら仲間を意識させる

●●● 自己紹介のプリントは先生の宝物

　司会には6人が立候補してくれました。順番にプログラムを言うだけでいいので、6人とも司会になってもらって、自分の紹介したいプログラムをとりあいました。
　司会A「今から、3の2学級びらきの会をはじめます」
　私「みんなで、『はい』と返事をして拍手をしましょう」
　みんな「はい」（拍手）
　司会B「つぎは、『人間っていいな』です。元気よく歌いましょう」
　テープの曲に合わせて、みんなで歌います。"いいな、いいな、人間っていいな"というところでは、みんなのからだが自然に左右にゆれます。
　司会C「つぎは、1人ひとりの自己紹介です。Aくんからどうぞ」
　Aくんから順に自己紹介が始まります。『ぼく・わたしは、こんな子です』を書いたものを見ながらだと、わりとスムーズに趣味や特技だけでなく、「家族はこのほかに、もうすぐ弟か妹ができます」などと、けっこうくわしく言ってくれます。
　「5年生にお姉ちゃんがいるね。よく似てる」とか、「マンガが好きなの？　先生といっしょだね」とか、1人ひとりにひとことずつ声をかけて、最後に「そのプリントは、先生の宝物にします。おうちでゆっくり読んでから、うしろに貼ってみんなにも見てもらいます」と、『ぼく・わたしはこんな子です』のプリントを集めます。

●●● お面をつけたウルトラマン登場

司会D「つぎは、『みんなでゲーム』です。先生、おねがいします」

私「はーい！」と、宝塚ファミリーランドで買ったウルトラマンのお面をつけて登場します。

私「ウルトラマンには三つの武器があります。一つ目は空をとぶという武器です。みんなもやってみましょう。おでこの両端に、指をかまえて。ビーム、シュワッチ！」（両手をあげてとびあがります）「二つ目はエックス光線です」で、両腕をエックスにして、その場でとびます。「三つ目はストリューム光線です」右腕と左腕で直角をつくり、その場でとびます。

「先生と同じ武器を出したら負けで、すわっていきます。勝ち残った人が何人いるかが、その班の得点になります（得点表を貼りながら）。さて、何班がいちばんたくさん勝ちのこるでしょうか」と言うと、はじめて自分の前・後ろにいる人が班のなかまであることを意識します。

私が決めた名簿順の席のひとかたまりが、子どもたちにとって最初の班になるのです。個人競争なら自分が負けてしまうと、早く終わってほしいと思うだけなのですが、班で競うと、自分は負けてもまだ勝ち残っている班員を応援し、その中でなかま意識がめばえます。これが集団遊びです。

できるだけ多くの子が残れるように、武器の出し方を「とぶ・エックス・ストリューム」と教えた順のワンパターンにして、すなおで単純な先生という印象を与えておきます。そうすると、出すパターンに気づいた子が、勝ち残っている班のなかまに教えてなかなかアウトになりません。5回ぐらいやって残った人数を数えます。1回目でアウトになってしまった子もいるので、もう1回戦してやります。2回の合計点を得点表に書きこみます。

●●● 班会議の練習になるゲーム

私「もう一つやります（やったー！の声）。次は『何だなんだ班会議』というゲームです。ここに、赤・黄・白の3本のチョークがあり

ます。今からこの中の1本だけを右手に持ちますので、先生が『なあんだ何だ』と言ったら、みんなで『班会議』と言って、10秒間で班ごとで相談して一つの色に決めてください。順番に聞いていきますので、班で声をそろえて答えてください。班でばらばらの答えだったらその班は失格です。当たれば1点入ります。では、いきます。『なあんだ何だ』と言って、チョークをうしろに隠します。みんなは「班会議」と答えて、どの班もいっせいに頭をよせあって相談し始めます。それぞれが自分の予想を言いあううちに、それらをまとめようとするリーダー的な子が出てきて、班会議のしかたが自然に身についていきます。

「10、9、8…3」と、私のカウントダウンが始まると、赤か黄かでもめていた5班はあわてて多数決をして黄色に決めました。

「2・1・0、1班！」「赤」、2班「赤」、3班「白」、4班「赤」、5班「黄」、6班「赤」と圧倒的に赤が多いのは、私がピンクのカーディガンを着ているからです。当たった班は歓声をあげて大よろこび、得点表に赤で丸をつけます。5班で赤を主張していたゆみさんが自信をふかめて、「つぎが黄色じゃないかな」と言うとみんなも納得して、今度は3秒ぐらいで決まっていました。

2回目は黄色、3回目は白を出しますので、たいてい3回目には全

部の班が当たって大歓声があがります。「単純な先生」というのが一つの判断材料になっています。得点表には、赤・黄・白の丸がついているので4回目は赤、5回目は黄と全部の班があたり、「えーっ、何でなん？」とおどろいてやると、得点表で判断したことがわかります。まったくの当てものなので、何らかの判断の材料を用意しておいてやった方がいいと思うのです。当たらなければ全然おもしろくありません。それどころか、当たらなかった責任をなすり合いはじめるかもしれません。

　6回目は何を出すか、それはいちばん得点の少ない班が言った色を出してやります。そのためには、手をうしろにまわしていても長さで何色かがわかるように、あらかじめチョークの長さを変えておくのです。いちばん長いのは赤、次が黄、いちばん短いのは白というふうに。たまに、考えすぎてはずれてばかりの班があると、すねてしまう子もいるので、3回目にはどの班にも一つは丸がつくように、その班のために出す色を急きょ変えることもあります。楽しめなければゲームにはなりませんから。

　学級びらきの会が終わってから、「さっきの『何だなんだ班会議』のときね、何色にするかで班でもめたでしょう。みんながばらばらだったら失格になるから一つの色に決めるために相談したよね。そのとき、だれが中心になってくれたかな？　みんなで何かするとき、1人ひとりの意見を聞いていったり、まとめたりする人がいないとなかなか決まらないね。そのまとめる人を班長って言います。今から各班で男1人、女1人班長さんを決めてください」と、班長を決めてもらいます。

　でも、低・中学年ではみんながやりたいので、中心になってくれていた子が選ばれるとはかぎりません。ジャンケンで決める班や、多数決で決める班などいろいろです。どんな形であれ、出てきてくれた班長さんをたよりにして、大切に育てていきます。

　司会E「つぎは、お楽しみ、先生の出し物です。先生、どうぞ」
　私の出し物は、もちろん手品。今度は、ハンカチが、たまごに変わる手品です。子どもたちは、びっくりして大きな拍手がおこります。

　司会F「今日はとっても楽しかったですね。これで、『3の2学級

〈４〉学級びらきの会（その２）

びらきの会』をおわります」
　みんな「は～い」（拍手）

●●● 「心と体」をひらいていける班のスタート

　最初の２週間は、私が名前と顔をおぼえるためにつくった名簿順の班です。子どもたちは、とりあえず自分の居場所が確保されたことに安心しますが、はじめは「座席」という認識しかなく、まだ「班」とか「班のなかま」なんていう意識はありません。だから、最初に集団遊びでうんと楽しみながら、「班」を意識させたいと思ったのです。そして、子どもたち自身が、自分で自分の「心と体」をひらいていけるようにしてやりたいと思うのです。

　今、好きなところにすわってもいいと言われても、おたがいの顔色を見合って遠慮したり、だれかに呼ばれるまで自分では席も決められないでうろうろしている子がいます。また、１年間おなじクラスで生活していたのに、一度も話したことがないという子たちもいてびっくりさせられたことがあります。ここまで人間的なつながりが希薄になっているのかと。

　以前担任した４年生では、３年生のときからずっとこわいと思っていた男子と同じ班になって、泣きだした女子がいました。泣かれた方の男子もびっくりしていましたが、ちょっとショックだったようです。でも、同じ班になってはじめて、その男子にもやさしい面があることがわかったのです。

　また、飛び入りの６年生を担任したとき、４人組の女子グループが、２人や３人になる人数合わせゲームで、どうしても２人と２人、３人と１人に別れられなくて、４人でじっと固まって立ったままだったことがありました。ゲームをゲームとして遊べない「体と心のかたさ」にびっくりしてかわいそうに思いました。この子たちにとっては、班は、勉強中しかたなくいっしょにいるだけの「仮の宿」のようなものでしかなかったのです。

　休み時間になればさっと４人で集まって固まっていました。それで、この４人をおなじ班にしてやり、いろいろな楽しい活動をさせながら、

固まっていた心と体をほぐし、ほかの班との共同のとりくみをとおして、みんなと交われるようにしていったことがあります。実は5年生のときに、不良グループのレッテルをはられて、いつもばらばらにさせられていたことで深く傷ついていた子どもたちだったのです。

 **おまけのアイデア**〈その1〉

〔ゲーム〕ステレオゲーム

「今日はステレオゲームというのを教えてあげよう」

一つの言葉（たとえば「アブラムシ」）を一文字ずつ（1班「ア」2班「ブ」3班「ラ」4班「ム」5班「シ」というふうに）班に割り当てて、それを同時に言ってね。もう一つの班（6班）が何という言葉かを当てるゲームです。

まん中に立って聞いたら、あっちもこっちも聞こえてきて、まるでステレオみたいに感じられるから、「ステレオゲーム」って言うんです。当てる班の人は、全員まん中に立って聞いてもいいんだけど、それだと、何を言ってるのかわからないよね。だから班で工夫しなくちゃいけないんです。

1回で当てたら5点、2回目だと3点、3回目では1点もらえます。聞いてから相談する時間は30秒。じゃあ、やってみよう！　はじめは6班のおに。さあ、外に出て、誰がどの班へ聞きに行くか、作戦を立ててください！

〈指導のポイント〉

当てる班の班長の指導性が大いに鍛えられる。誰と誰を組ませて、どこに聞きに行かせるか、また聞いてきた言葉をどのようにまとめるか、あいまいな聞き取り方をする班員を発見したときの手だてなど、評価しながらリーダーの指導性を高めていく。

著者画

のんちゃん先生の楽しい学級づくり

〈5〉ちょっぴり変わった座席

●●● 座席はいつもコの字型

　始業式の後、教室の入口で先生と握手をして、教室に入ったとたん目の前のコの字型の座席を見て、子どもたちは「おおーっ！」と、びっくりします。黒板に書かれている座席表の中から自分の名前を見つけて、そこにすわると、「何か変わったことがおこりそう！」というわくわくした気分になるようです。

　子どもたちは、この座席をとても気にいってくれています。でも、少し困ることもあるようです。それは、遊んでいたらすぐ見つかってしまうからだそうです。赴任して2年目に担任した4年生の子どもたちが、1組の山田勝一先生のご指導で、立花小のホームページにのせた「児童がつくったクラス紹介」のなかの1ページに、この座席のことをこんなふうに書いていたのでわかりました。

　《ちょっぴりかわった4年2組の席──私たちの組の席は少し変わっています。ほかのクラスではしていないようなすわりかたです。これは担任の先生が、前が見えやすいようにと考えたすわりかたです。私たちはこのすわりかたがとても気にいっています。でも遊んでいたらすぐに見つかってしまうので少し困ります、ハアー…。でも勉強はとてもやりやすく、見やすいのでうれしいです。給食のときや4人班のときは、また違ったすわりかたをします。給食の時間はおみあいみたいにむかいあって食べます。…》

　コの字型の席は、いっせいに黒板の方を向かせて「さあ、今から教えてやるぞ」という感じでなくて、何となく「さあ、これからみんな

で知恵を出しあって、学びあいましょう」というメッセージを感じるのでしょうか。解放感があるので、おしゃべりもおこりやすいですが、おしゃべりする子はどんな席でもします。何を、なぜしゃべるのかを子どもといっしょに分析して、どうしたらよいのかを考えさせることが大切です。子どもたちは、この席が気にいっているので、変えられたくないから、注意されないようにおたがいに気をつけあいます。

●●● 苦しい経験から生まれた座席

　実は、私は新任で5年生を担任したとき、甲状腺の病気にかかって声が出なくなったのです。当時、毎晩3時ごろまで教材研究をしても、授業が思うようにすすめられず、1人の男子に振りまわされていました。この子がよくならなければクラスが変わらないと、一対一で遅くまで話し合い、やっとわかってくれたと思ったら、翌日はまたもとにもどっているという毎日。いくら真剣に怒っても、子どもたちに「やさしすぎる」と言われ、私には教師という仕事は向いていないのではないかと悩んでいた1学期の終わりごろ、声が出なくなって、甲状腺の病気にかかっていることがわかりました。

　そのとき、心配して教室をのぞきにこられたU校長先生に「小さい声でも後ろまで聞こえるように、国会みたいに円形にしてみたらどうか」と言われて、始めたのがきっかけです。それ以来、1年生のはじめ以外はずっとコの字型の座席にしています。

　その年は43人のクラスでしたが、確か図（1）のようにしたと思います。今まで担任したなかでいちばん少ない年の27人学級では、図（2）のようになります。今は40人学級ですから、全員前を向いた席だと、図（3）のように、いちばん後ろの子は6列目、7列目となって、教師からとても遠くなりますが、コの字型だと、後ろでも2列目、3列目でそんなに後ろという感じがせず、声もよくとおります。

　また、教師が中央に立つと、後ろの列までぐるっと見わたせるので、1人ひとりの顔もよく見えて、ときには手遊びをしていたり、まちがった字を書いていたりしても、すぐ発見できます。おなじ教室なのに、座席の並べ方でこんなにちがうのかとびっくりしたのを覚えています。

図(1)

図(2)

図(3)

図(4)

著者画

　前の人の間から顔が見えるように少し席をずらすと、背が低くても前が見えるし、おたがいに発言している人や聞いている人の顔を見ながら話し合いができて、とてもいい感じです。

　給食やグループで話し合うときは、班ごとで図（4）のように机を合わせます。黒板の字を視写したりするときは、机を前に向けて黒板が見えるように少し移動します。また、だいじな話をするときは、体を前に向けて教師の方に集中させるなど、5秒以内にすばやくできるように、はじめに何度かゲーム的に練習しておきます。

▲コの字の座席。今年の学級は38人。終業式の前日、明日は大掃除のため、掲示物も全部はずしてガランとした教室ですが。

●●● 学級づくりの大切さを肝に銘じて

　私の病気は、病院の薬と、父のすすめで日曜日ごとに三輪山や伏見稲荷の滝にうたれに行ったのが効いたのか、翌年の２月に奇跡的に治りました。私を悩ませていたその男の子は、３月に入ってすぐのころに万引き事件を起こし、転校することになりました。修了式の日、女子たちが教室に残って「６年生になっても担任してほしい」と言ってくれましたが、病気が再発したらとても卒業までいけないからと、低学年を希望しました。

　何が原因だったのか、当時はまだ「子どもの〝荒れ〟はヘルプをもとめるサイン」「子どもは、子ども集団の中で変わっていく」という視点がなく、彼の苦しみを理解しようとするのでなく、その行動だけを諫め、つねに一対一で対決し、学級集団に投げかけてみんなで考えていくことをしなかったことと、さらに、今の私からは信じてもらえないかもしれませんが、新任のころは内気で神経質で、何ごとも自分さえがまんすればと、精神主義的に考えてしまっていた私の姿勢に反

〈5〉ちょっぴり変わった座席

発したのではないかと思います。
　私の未熟さのために、彼にも、まわりの子どもたちにもいやな思いをさせてしまいました。どんなに教材研究をしても、学級づくりができていなければだめだということを思い知らされた1年でした。
　もしも、もう1度やりなおせるものなら、絶対あの学年を…と思うぐらい、どう考えても成功なんて言える1年ではなかったのに、その子たちが卒業して3年目のある日、偶然、会議室の書棚で卒業文集を見つけました。「野口先生」という題で書いてあるものがいくつかあり、「先生は、ひまさえあれば、ぼくらと遊び時間や放課後いっしょに遊んでくれた」「先生は、男子にいやなことを言われても、いつもほがらかに笑顔をうかべていた」というのを見て、「へえー、そうだったのかー」となつかしみながら読んでいました。
　その中に、クラスの副委員長をしていたTさんの「こんないい先生に受け持ってもらっている1年生がうらやましいくらいだ。先生は、きっと日本一、いや世界一の先生になると私は信じている」という文を見たときは、「えっ‼　あんな1年で、どうしてこんなことを思ってくれたのだろう？」と、ありがたくて涙がこぼれてしまいました。
　どんなに未熟でも、不器用でも、誠実に精いっぱい真剣にぶつかっていけば、子どもはわかってくれるんだなあ！と思いました。
　その後、20歳の年に同窓会で再会したきりでしたが、その教え子の1人が転勤した本校で、他学年の保護者になっていて、姓は変わっていましたが、顔を見たとたん、すぐにOさんとわかって感激しました。
　翌年の運動会で、その子のお母さん（当時の保護者）と対面したときは、「先生、ようがんばられて…」と言われて、思わず涙が出てしまい、運動場の隅でお互い手を取り合って泣いてしまいました。あのとき、私が自分で乗り越えるのを、職場の先生方や保護者のみなさんががまん強く見守ってくれていたから、今の私があるのだと思います。
　人間は、いちばん苦しいときに、実はいちばん成長しているのかもしれません。私が、数ある教育研究サークルの中から「生活指導サークル」を生涯のライフワークと決めたのも、この年に「何よりもまず、学級づくりが大切だ」ということを肝に銘じていたからでしょう。

のんちゃん先生の楽しい学級づくり

〈6〉学級の仕事は やる気で決めよう！

●●● 給食当番を決めよう

　これは、今年の４年生のクラスの実践です。３日目に、前日予告しておいた学級代表委員と学級会書記を決めました。超元気者のダイくんが最初に立候補すると、ほかの男子はだれも立候補しなくて、男子の方はすぐ決まりました。女子は３人立候補してくれましたので、あいさつを聞いてから選挙で、しっかりもののミツさんが選ばれました。書記は、男女とも３人ずつの立候補があり、やはり選挙で決めました。さっそく明日から始まる給食のために、給食当番を決める学級会をしなければなりません。学級会書記が黒板に「給食当番を決めよう」と書き、その横に私がつくった大きな給食当番表を貼ります（下図参照）。議長は学級代表です。

　議長「今から、学級会をはじめます！」

　みんなは「はい」と返事をして拍手をします。はじめと終わりのけじめをつけるというか、みんなの気持ちを集中させるのにもいいと思います。

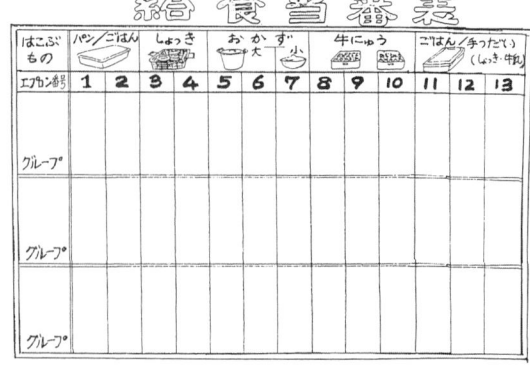

　議長「今から『給食当番について』話し合います。どんなふうに決めるか、先生から提案があるので聞いてください」

　私「自分の力にあわせて、運びたいもののところに立候補する。人数がオーバーしたところは話し合いかジャンケンで決めて、負けた人はほかのところにうつるというのはどうですか」
　議長「先生の提案に、質問や意見はありませんか」
　あゆ「1回決めたら、1年間ずうっとおなじものを運ぶんですか」
　私「いいえ。1学期ごとに変わります」
　今まで子どもたちから聞いたなかでは、名前の順や班ごとで当番を決めて、毎日運ぶものを変えていくというのが、いちばん多かったように思います。運ぶものが固定するより、毎日変わる方がいいという意見が出るかな？　と思いましたが、何も出ません。もう何を運ぼうかを、考えているようです。
　議長「では、先生の提案どおりでいいですか」
　みんな「いいです」
　私「先生の提案は『自分の力にあわせて』というところがだいじなんですけど、先にどの仕事がいちばん力がいるか、みんなの意見を聞いてみてください」
　話し合いの結果、どれも大変だけど、とくに「大おかず」と「食器」が重くていちばん大変だということになりました。つぎが牛乳です。

さっそく給食当番表の運びたいものの下に、自分の名札（座席表につかっていたもの）を貼っていきました。時間があるときは、議長がみんなの希望を聞いて、書記が名札を貼っていきますが、時間がないときは各自で名札を貼らせると早くすみます。
　38人が三つのグループに分かれて当番をするので、いちばん軽くて1人で持てる「小おかず」は3人でいいのに、7人もあつまりました。大変といわれた食器には、体の小さいノブくんががんばって立候補しています。牛乳は9人必要なのに5人しか希望がありません。議長に、人数の多いところから話し合うように言いました。
　ゆか「先生は、『自分の力にあわせてがだいじ』って言ったのに、ヒロくんが小おかずというのはおかしいと思います」（「そうや、力あるやん」）
　ヒロ「だって、力ないもん」
　なみ「そんなことありません。先生と腕ずもうしたとき、手ごわいって言われてました」
　ヒロ「じゃあ、いいわ。食器に変わるわ」
　私「ヒロくん、いいの？　みんなにはわからないような困ることがあるんじゃないの？　無理しなくていいんだよ。遠慮しないで言ったほうがいいよ」
　ヒロ「いい。食器で。ちょっとやってみたかっただけ。小おかずはやっぱり軽いから」
　こうして人から言われて移動したり、言われるまえに自分から移動したり、それでも人数がオーバーしたところはジャンケンしたりして運ぶものが決まると、それぞれ運ぶものの中で三つのグループにわかれて、今度は当番表の中に名札を貼ります。全員の名札が表の中に入ると、大きい三つのグループにわかれて、グループの名前を決めます。今回は「ライオングループ」「カレーグループ」「スターグループ」に決まりました。名前が決まると、グループのリーダーを2人選んで完了です。

〈6〉学級の仕事はやる気で決めよう！

●●● 学級の12の係は、好きなところに

　議長「つぎは、係を決めます。どんな係がいりますか。意見を言ってください」

　前の学年でやっていた係がつぎつぎと出されます。電気係、窓係、あいさつ係、テレビ係、かぎ係、先生のお手伝い係、図書係、掲示係、給食係、保健係、レクレーション係、配り係、連絡係、集め係、花係、生き物係、歌係、それに教科の国語係、算数係、理科係、体育係、音楽係、図工係など、実にたくさんの係が出てきました。社会係が出てこなかったのは、活動のイメージがわかなかったからでしょう。

　この中から、花、生き物、連絡、集め、先生のお手伝いなどはなくてもいいということに、また、歌は音楽係に入れ、電気、窓、あいさつ、テレビ、かぎの係は、日番の仕事の中に入れたらよいということになりました。レクレーション係は「遊び係」に変えて、12の係でスタートすることになりました。いずれ教科の係は、各教科の学習委員に変えていき、残りの係を班でさせたいと思っていました。

　みんな、自分のやりたい係をしたいというので、人数制限をしないで好きな係に入ることになりました。その結果、遊び係はいちばん多く、はきはきしていて指導力もありそうな男女6人があつまりました。こんな強力メンバーが一つの班にあつまっていっしょに仕事をすることは、たぶんないでしょうから、これもいい出会いの場です。いちばん力のいる仕事です。

　算数係と体育係は気のあう男子が2人ずつといちばん少なくて、「2人でもがんばろうな」とはげましあっています。

　なかよしの女子4人はそろって給食係になって、手をとりあって喜んでいます。給食係は仕事が多いので4人では大変だから、そのうち、不満が出てくるかもしれません。

　図書係はなぜかおとなしい男子ばかり3人です。ほかの集団にはいっていたら、たぶんリーダーになることはない子たちでしょうが、3人でジャンケンしてユウくんにリーダーを経験するチャンスがまわってきました。班とはまたちがった出会いの場ができました。

数は多くて指導は大変だけど、しばらくこれで行ってみようと思いました。色画用紙に係の名前やメンバーの名前、仕事のなかみなどを書いて貼り出しました。どの係も楽しそうでやる気まんまんです。まずは、毎朝することになった「朝の読書」のために学級文庫を充実させる必要もあるので、おとなしい図書係から応援していくことにしました。

●●● 各教科の学習委員を決めよう

　今年はまだできませんが（たぶん２学期から導入することになると思いますが）、係を班で分担するようになれば、教科の係はなくして、各教科の「学習委員」をつくります。

　各自の好きな、得意な、あるいはもっとうまくなりたいと思う教科に、人数制限もなく入ります。音楽と図工は専科の授業なので、専科の先生からの連絡や、持ち物忘れがないかしらべたり、ときには準備やかたづけの手伝いなどの仕事があります。

　国語は、毎日の漢字５問テストを小黒板に書いたり、先生がくるまで前に出て、みんなで本読みをしていたりします。

　算数は、毎日の宿題の答え合わせがおもな仕事です。

　理科は、実験道具の準備やかたづけ、ヒョウタンの水やりと観察、社会は地図帳で県あてクイズをしたり、グラフや表を拡大して書いたりと、好きな子であれば工夫しだいでいろんな活動ができます。

　体育は、並ばせて準備体操をしたり、バトンやストップウオッチなど必要な用具を準備したり、ラインを引いたり、ネットを張ったり、ときにはチームわけをするなどの仕事をします。

　各学習委員のなかで、やはりリーダーを決めたら、色画用紙に仕事内容や分担表などを書いて貼りだします。高学年になれば、一つの単元が終わると、学習委員が問題を予想してもぎテストをつくり、本テストの前に宿題に出すなど、得意な力を生かした活動に発展していきます。できるだけ、その問題の中からもテストに出してやりますと、学習委員がみんなからとても感謝されます。

のんちゃん先生の楽しい学級づくり

##〈7〉班でとりあう係活動

●●● 公約でとりあう係の仕事

　昨年の4年生は、はじめから班で係をすることを提案しましたら、「おもしろそうや。やってみよう」ということになりました。班で係をする方が相談しやすいし、何よりも、やりたい係を公約でとりあうというのが気にいったようです。ちなみに昨年の私の学級の実践課題は「クラスの中に『対等平等』の関係をどうつくるか」だったのです。競うことを好み、勝負にこだわるとてもエネルギッシュなクラスでしたから、何にでも挑戦的にのってきたのかもしれません。

　29人で5班でしたから、給食、保健、図書、掲示、遊びの五つの係にし、配りは1日ずつ班で回すことにしました。また、学習面の仕事を一手に引き受けていたという「学習係」はなくして、各教科の学習委員をつくることで了解されました。

　いよいよ係のとりあいです。「第1希望がぶつかることもあるから、第2、第3希望も決めておいた方がいいよ」と言うと、班内でもめながらも人数の多い順に決めて、それぞれで公約を書きはじめました。案の定、5班のうち三つの班の希望が遊び係に集中してしまいました。遊び係を第2希望にあげていた班もあったのです。はじめての係でおもしろそうだったからでしょうか。

　議長「では、今から遊び係に立候補している1、3、4班に立候補の公約を発表してもらいます。1班からどうぞ」

　1班（穂）「私たちの班が遊び係になったら、みんなが喜ぶような楽しい遊びを考えて、せいいっぱいがんばりますので、よろしくおね

がいします」

　3班（孝）「3班が遊び係になったら、雨の日の遊びも考えて、くふうしますので3班にさせてください。みんなやる気がありますのでよろしくおねがいします」

　4班は、班員全員が前に出てきて「ぼくたち、私たちが遊び係になったら、アンケートでみんなのやりたい遊びをしらべて、希望の多い遊びの順にやっていきます。準備も班のみんなで力を合わせてやりますので、4班をよろしくおねがいします」と声をそろえて言いました。この時点で、1、3班は「あ〜あ、負けた」とつぶやいていました。

　議長「1、3、4班に質問したいことはありませんか？　では、2、5班は何班に遊び係をしてもらったらいいか、1分間で相談してください」

　議長「話し合いをやめてください。2班から言ってください」
　2班「4班」
　5班「4班」（4班は、ヤッター！　と大喜び）
　議長「では、遊び係は4班に決まりました。1、3班はつぎに立候補したい係を言ってください」

　実は、私が、「アンケート」というヒントを4班にだけこっそり教えたのです。4班には、3年生のときに学年中でこわがられていたという幸くんがいました。勝負に極端にこだわるので、もし負けたら班長のせいにして暴言をはいたり、しつこく責めたてたり、自分の班を選ばなかった班の子どもたちに当たりちらすのではないかと思ったのです。まだ、スタートしたばかりなので、はじめからそういう状況になるのはさけたいと思いました。

　公約を考えはじめたころは、どの班の公約もあまり変わらず、発表のしかたで競うだけになりそうだったからです。1班には児童会書記でやる気まんまんの雪さんがいて、第2希望の保健係の公約も第3希望の図書係の公約もしっかり書けていましたし、3班ははじめ、班内が遊び係と給食係の半々にわかれていたので、遊び係がだめになっても給食係になれるだろうと思いました。幸くんは、笑うととてもかわいくて、とっても嬉しそうな顔で私の方を見て「先生、ありがとう」

と目で合図を送ってきました。
　つぎに立候補の重なった班が多い係から、同じようにとりあいです。ところが、５班が第１希望の給食係も第２希望の保健係もおちてしまいました。いちばん人気のない掲示係が空いているのですが、５班は掲示係を希望せず、あくまでたたかうかまえです。半分は意地、半分はゲーム感覚です。調子のりで何ごとにも前向きな悟くんが、５班を明るいトーンでリードしています。
　はじめから図書係に立候補していた２班は、たたかわずしてなれると思っていたので、大あわてです。私が、「じゃあ、図書係をおちた方の班が、掲示係をやってくれますか。掲示係もないと困るので、よろしくおねがいします」と言うと、どちらの班も了解してくれました。
　５班はそれから公約を考え始めましたが、やはり、はじめから考えていた２班にはかないません。残念ながらまた負けた５班は、「しかたなくやるのはいやだ」と、なんと掲示係の公約も書いて立候補したのです。これにはみんなも感動して、大きな拍手で承認しました。全部の係にやる気を示し、係のとりあいをもりあげてくれた５班のがんばりを高く評価し、もう一度大きな拍手をおくりました。
　係が決まれば、色画用紙に、公約した仕事の内容や班内の役割分担などを書いて貼りだします。そしていよいよ班長を中心に、班で力を

あわせてする活動の一つとしての係活動が始まります。その中で、みんなで力をあわせて仕事をする楽しさや、だんどりのくみかたなどを学び、ときには要求されたり、批判されたり、はげまされたりしながら、民主的な人間関係のありかたを身につけさせてやりたいと思っています。

●●● 子どもたちが決めた係のリコール

5班に拍手をおくったあと、ほかの班の気をひきしめるために、「保健係も給食係も図書係も、5班をおとしてゲットした係やから、5班の人に『こんなんやったら5班がやってた方がよかったんとちがうか』って言われんようにがんばらなあかんなあ。なあ5班さん」と言ったら、5班の亜希さんが「先生、もしどこかの班が公約どおりにやってなかったら、とりもどしてもいい?」と言いだしました。

思いがけない発言に、一瞬、教室に緊張感がただよいました。

「それは、みんなで決めることだよ。議長さん、今の提案をみんなにはかってください」で、また話し合いが始まりました。

雪「じゃあ、掲示係はどうなるんですか」

亜希「それは、とりもどされた班がやったらいいです」

信「絶対、反対や」

悟「公約どおりがんばったら、とられることないやん。はじめから自信ないということか」

幸「いいで、いいで。やったろやんけ。絶対とらせへんで」

亜希「幸くんは遊び係やろ。遊びはねらいません」

というわけで、思いもかけず、最近は私からは提案もできなかった「係のリコール制」が可決されてしまいました。そこで、調子にのって「市長だって公約をまもらずに市民をうらぎったり、多くの市民が『いやや』と言ってることを、むりやりしようとしたら、リコールされることがあるねんで」と、実際にあった市長リコールの話をしましたら、子どもたちは意外と真剣に聞いてくれたのです。

ひょっとしたら久しぶりにリコールが実現するか? と、少し期待しましたが、掲示係もけっこう楽しくて、教室の後ろの黒板に季節に

〈7〉班でとりあう係活動

あった絵を描いたり、図工の先生に掲示する作品を催促したり、マンガコンクールや先生の似顔絵コンクールをしたりと、つぎつぎにいろいろなアイデアを出してがんばったので、ほかの係までチェックする余裕がなくて、実際にはリコールは実現しませんでした。

でも、学級の状況によってはまだ実践の可能性はあるんだなあと思ったのでした。今では、「リコール」という民主主義の一つの形を教える実践はあまり行なわれていないようですが、リコールを教えるには係活動が最も有効だと、今でも思っています。

おまけのアイデア〈その2〉

〔手品〕まほうのトランプ

たくさんの子どもたちの前で見せられるように、手作りの大きいトランプを作ります。表が黄色で、裏が緑か青の図工用教材のクラフト紙（八つ切り大）を4つに切ります（1枚がA6より少し小さめ）。黄色の方に、手持ちのトランプの♣3、♣4、♣5と、♡A（ハートのエース）を1枚ずつ225倍に拡大コピーします。ただし♡Aはあとで赤く塗るために、白紙でなぞって白抜きにしてからコピーします。

図1のように♣4の左上を斜めに切り取り、裏返して♣5にセロテープで貼り付け、折り返して♣5に重ねます（図2）。折り返した♣4の下にぴったり重なるようにハートAを差し込みます（図3）。次に、♡Aが隠れるように♣3を重ねると出来上がりです（図4）。

みんなに真ん中のカード（♣4）を覚えてもらって、裏返して気合いをかけてから真ん中のカードを引いてもらうと、♡Aに変わっていてびっくりするというわけです。

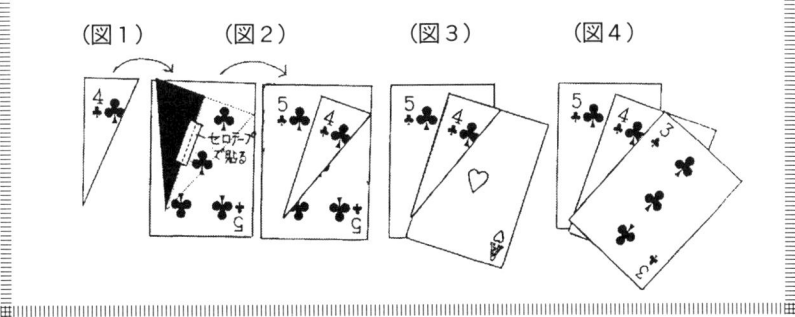

（図1）　（図2）　（図3）　（図4）

著者画

♪のんちゃん先生の楽しい学級づくり

〈8〉朝の会の「3文（ぶん）」スピーチ

●●● 朝の会のスピーチ

1 昨年の2年生です。

女子の日番「きのう、学校から帰ってから、キリン公園でSさんと遊びました。色おにをして遊びました。楽しかったです。何か質問はありませんか。Aさん」

Aさん「ほかにはだれがいましたか」

日番「OさんとMさんがいました。Bさん」

Bさん「だれが勝ちましたか」

日番「わすれました。Dくん」

Dくん「ずっとそればかりしていたんですか」

日番「ブランコもしました」（拍手）

男子の日番「きのう、回転ずしに行きました。家族で行きました。おいしかったです。何か質問はありませんか。Gくん」

Gくん「どこの回転ずしに行きましたか」

日番「阪神尼崎の商店街のとこです。Oさん」

Oさん「何皿食べましたか」

日番「8皿です。Eくん」

Eくん「一番好きなおすしは何ですか」

日番「まぐろとえびです。これで朝のスピーチを終わります」

（拍手）

毎日、朝の10分間読書のあと、名前の順に男女1名ずつ2人の日番が前に出て、朝の会をしています。プログラムの「朝のあいさつ、は

じめの言葉、今月の歌、係からのれんらく」が終わると、「朝のスピーチ」です。職員朝会が長引いても、そのころには教室に着いていますので、じゃましないようにそうっと入って子どもたちといっしょに聞いています。1年生のときの担任が、三つの文でスピーチするように習慣づけておいてくれましたので、「3文スピーチ」と言っています。質問も3人までです。日番の2人のスピーチと質問がおわると「おわりの言葉」で朝の会がおわります。そのあと、「先生からどうぞ」と言って、日番は自分の席にもどります。

　みんなこのスピーチを楽しみにしていると思っていましたら、学級懇談会であるお母さんから「朝のスピーチが、プレッシャーになっているようだ」とお聞きしてびっくりしました。

　日番になる何日も前から、何を話そうかと毎日気になって、スピーチで言うためにどこかに連れて行ってくれとせがまれたり、前日に友だちに「明日、朝の会で言わんならんからいっしょに遊んで」と電話したりしているとのことでした。スピーチのおかげでどこかに連れて行ってもらえたり、友だちと遊べるのならいいんじゃない、という気もしましたが、「1年生からやっていたものをそのまま続けているだけで、子どもたちは日番がまわってくるのを楽しみにしていると思っ

ていたのですが、一度子どもたちと話し合ってみます」ということで、学級会に提起することになりました。

●●● 朝の会のプログラムを見なおそう

　私「学級の主人公は子どもたちです。でも、みんながまだ小さかったから朝の会のプログラムも先生が画用紙に書いてきたのをそのまま今日までやってきました。もうみんなもだいぶ成長したので、朝の会のプログラムなども自分たちで決めなおしたらどうかと思います。いややなあと思うことをがまんしていてはいけないし、みんながいいと思うことは続けたらいいし、自分たちが生活しやすいように、自分たちが楽しめるように、自分たちでクラスを変えていってください。それが、自分が主人公のクラスです。いやなことはやめてもいいんだよ。話し合ってみてください」と提起しました。

　はじめに予想外に、信くんから「朝の歌がいや」という意見が出されましたが、朝の歌はけっこう楽しい歌が多く、子どもたちは月のはじめに「今月の歌のテープ」を音楽委員会の子どもたちが持ってきてくれるのを楽しみにしていましたので、いっせいに「えーっ？」という声があがりました。「なぜいやか」の質問に「立つのがめんどうやから」とこたえたので、「『あいさつ、はじめの言葉、歌』は立ったまま続けてやるので、わざわざ立つわけじゃないからめんどうって言うのはおかしいんじゃないか」と反論されて、「じゃあいいわ」とひっこめてしまいました。

　歌っているときは大きな声で、いい顔で歌っているので「？」と思いました。本当にいやなら歌わないという実力行使で意思を表明することもできるので、少し様子を見ていようと思いました。

　私自身は、朝はさわやかな歌声でスタートするのがいいなあと思っていましたので、前任校では「今月の歌」はなかったけれど、「ぼくの飛行機」や、みんなでつくった学級の歌などを歌ってきました。

　4年生では「シベリア鉄道」をリコーダーで吹いていました。2学期の終わりの参観日には、この「シベリア鉄道」を吹いたあとに、しんみりとおうちの人への呼びかけをして、お母さんたちをほろりとさ

せてきたのです。
　朝のスピーチについては賛成意見が続きましたので、「このまえの懇談会でお母さんから、子どもが何を言おうか悩んでるようだって聞いたんだけど、どうですか？」とさそい水を向けましたが、そのお母さんの子どもは「べつに」という顔をしています。
　靖くんだけが「いやや」と言いましたが、ちゃんとした理由を言えなくて、「いいわ」と納得してしまいました。靖くんは休み時間はとても活発で大声を出しているのですが、みんなの前に出て話すのはとても苦手なのです。だから、朝のスピーチは人前で話す練習にもなっていいと、私は思っていました。
　いつもはお絵かきばかりしてあまり聞いていないと思っていた敦くんが、賛成の意見を言ったのでびっくりしましたが、これは続けられると思いました。賛成の意見は、
　敦「朝のスピーチは楽しい」
　治「スピーチをみんな楽しみにしてる」
　みき「いつも、みんながこんなことしてんねんなあと、わかるからいい」
　悠「スピーチは朝の会の中心やから、それがなくなったらあかん。あるから楽しい」
　ゆか「みんなのことがよくわかって、なかよくなれる」
　洋「ぼく、ずーっと日番になるのまっとった。高原ロッジに行ったときのこと言いたかったから」
　などでした。「やっぱり遊んだこととか、どこかへ行ったことを言おうと思ってるんだ」と思い、「何かしたことじゃなくても、家族のことでも、趣味でも、何もなければ朝ご飯のなかみでも、何でもいいんだよ。今までどおり続ける、でいいのかな？　靖くん、いいの？」と念をおすと、みんなの「いい！」という声につられて、靖くんも「うん」と言いました。「じゃあ、もしも言うことに困ったときは先生が相談にのってあげるから言いにきてください」で、続けることになりました。
　何日も前から何を言おうかと悩む子もいれば、その日の朝になって

から考えたり、中には「いま思いつかないので、明日にまわさせてください」という子もいます。大事なことは、だれが決めるかです。自分たちで話し合って決めたなら納得してできる、それは大人も子どもも同じで、それが主人公ということだとわかってくれたかなと思います。

　この朝のスピーチは、本校ではけっこう広がっていて、昨年度の4年生でもはじめから朝の会のプログラムに入っていました。人前で話をすることに慣れるというメリットもあり、子どもたちが楽しみにしているものなら続ける価値はあると思い、今年もやっています。

おまけのアイデア〈その3〉

〔手品〕おかしなロープ

　はじめ同じ長さだった3本のロープが、手の中でもんでいるうちに長さの違う3本のロープに変わってしまいます。

〈たねあかしと見せ方〉

　最初から長さの違うロープを使っているのです。図1のように一番長いロープと一番短いロープを真ん中でからませて、中の長さのロープと合わせて図2のように持つと、同じ長さのロープに見えます。それを両手の中に入れてもみながら、「さあ、どうなってるかな？」と、いかにももむことによって何らかの変化が起こるように思わせるのがこつです。
「全部つながって1本になっているんだ」とほとんどの子が予想します。

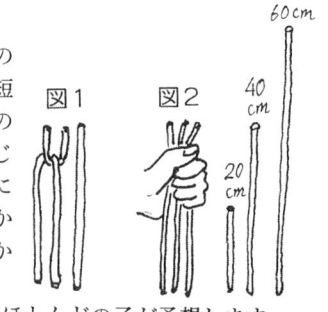

　そこで、おもむろにロープの端を一つつまんで引っ張り出します。この時、一番長いのが出てくると、子どもたちは「やっぱりだ」と喜びますが、途中で切れるので「あれっ」と肩すかしを食わせることができます。

　また、一番短いのから出ると、これもいきなりびっくりします。

　ところが、中の長さのが出てしまったら、今度は先生の方が「あれっ」とわざとびっくりしてやります。すると、子どもたちは「わあ、失敗や！」と喜びます。そこで、次のを出して、最後にもう1本見せると、長さの違う3本に変わったことがわかり、失敗ではなかったことを知ります。

著者画

♪のんちゃん先生の楽しい学級づくり

〈9〉楽しいピクニック給食

●●● ピクニック気分で給食

　きょうは、待ちにまったピクニック給食。献立は、ご飯、牛乳、味噌おでん、きゅうりの酢のものです。4時間目が終わると、机をさっとうしろにさげてそれぞれの班のところにシートを敷きます。班のシートの中央には白い大画用紙を置いて、そのまわりに各自のナフキンを敷いて、当番が配ってくれるのをすわって待ちます。

　ご飯と牛乳、きゅうりの酢のものなどは班の中央の白い画用紙の上に班員の数ずつまとめておくと、各班の当番以外の子が各自のナフキンの上に配ります。大きいおかずは、家庭科室から大皿と大スプーンを借りてきて班ごとに一盛りにして、班の中央の画用紙の上に置きます。小さいおかずで唐揚げやフライドポテトなどが出たときは、色画用紙でつくったお皿（これが「ちょっとおしゃれ！」と女子がよろこびます）にサランラップを敷いて、やはり班ごとに一盛りにして、班の中央の画用紙の上に置きます。あとは食器を班の人数分まとめて配ればよいので当番はいつもよりかんたんで、早くできます。

　「いただきます」のあいさつをしたら、班ごとでおかずを分けます。まずそのおかずの苦手な子が自分で食べられると思う分だけとって、あとをみんなで公平に分けます。唐揚げやフライドポテトなどは給食当番が数をかぞえて配るよりも、班内で一個ずつ分けていき、のこりは班内でジャンケンするので全体でもめることもありません。

　まあ、班ごとに分けるときが目分量なので、若干多い少ないがないでもありませんが、そういうときは私がちょっと調整してあげます。

▲6班は全員シートを忘れました。でも新聞紙があるから大丈夫！

当番も早く終わり、早く食べられるし、おなじ給食でも雰囲気が変わって、よりおいしく感じるようで大好評です。

　時どきほかのクラスや高学年の子がのぞきにきたりして、ちょっといい気分です。大皿や紙皿がめんどうなときは、１人分ずつ配ってもいいです。

●●● ピクニック給食を考えたきっかけ

　給食係の仕事は、いちばん大変です。朝の会でその日の献立を知らせて、当番で欠席の子がいれば分担をわりふる、配膳台をふいて用意する、当番を並ばせてつれていく（これは、当番内のリーダーの仕事にしてもよい）、牛乳キャップなどのごみを入れるビニール袋を１班からまわす、ご飯のときに箸を忘れた人がいたら貸しだしをする、はじめと終わりにあいさつをするなど、かなり実務的な仕事ばかりです。

　そこで、もっと楽しい活動を工夫するように給食係にちょっとアドバイスをしました。「おでん」などのようにこぼれても流れて広がる心配のない献立のとき、教室の机を全部うしろにさげて、床にシート

▲イエーイ！　ピクニック気分だよ、この食べ方、おいしいんだよね。

を敷いて、班ごとにピクニック気分で給食を食べるという案です。しんどい仕事ばかりで少しいやけがさしていた給食係は、大のり気で献立表を検討しはじめました。

　何日も前からシートを持ってくることを呼びかけますが、忘れても新聞紙があるので大丈夫。日ごろから床はきれいにしていますが、もしよごれていたら給食当番がとりに行っている間に、のこっている子たちがきれいに掃いてくれます。

　シートの敷き方がなかなかむずかしくて、一昨年度は39人学級の2年生でしたから大変でした。班と班のあいだを当番が通れるように空けておかないといけないし、班の中心にいろいろ置くので班のみんなが中心を向くようにすわらなければなりません。でも、みんな上手にすわります。それと牛乳をこぼさないように（これがいちばん大事です）、きれいなぞうきんを班に1枚ずつわたしておくといいかもしれません。

●●● いつか実現したいお花見給食

　お天気のいい日に、栄養士の先生に了解をえて、中庭でシートを敷

いてカレーライスを食べたこともありますが、このときはアリがめずらしがってか、においにひかれてか、たくさん寄ってきてちょっと大変でした。一度さくらの下でお花見気分で食べてみたいなあと思っているのですが、4月の給食が始まるころはもうさくらは散っていて、まだ実現していません。一昨年担任した子どもたちが、昨年3年生でクラスに提案し、担任の新卒の先生がどんなふうにするのか心配して相談にこられ、実現できたようです。

　転勤した年に担任した3年生で、ピクニック給食のあと、あまりにもぽかぽかとあたたかくて昼寝にはぴったりのいい陽気だったので「このままシートの上で昼寝をしたい」と言い出した子がいて、それもいいなあと、その日はお掃除なしにして、みんなで昼寝をしたことがあります。でも、私のおなかの上にのってきたり、こそばしにきたりして、私はなかなか寝させてもらえませんでした。小学校でもお昼寝タイムがあるといいなあなんて思いました。

●●● 給食を食べない恵子ちゃんの変身

　ずっと以前に1年生を担任したとき、いったい何を食べて成長してきたのだろうと思うほど好き嫌いがはげしくて、いつも本当に少ししか給食を食べない恵子ちゃんがいました。給食がいやで、学校がきらいになったのでは困ると思い、自分が食べられると思う量までへらしてもいいことにして、あまりしつこく言わないようにしてきましたので、当番も心得て、恵子ちゃんにははじめからほんの少ししか配らなくなりました。それでも、時間をたっぷりかけて食べるのです。

　5月の終わりごろの遠足のとき、お弁当を食べるかどうか心配していたら、もちろん好きなものばかり入っていたからでしょうが、ぱくぱくと全部食べたのでびっくりしました。

　そのとき、ふっと、もしかしたら遠足のようにしたら恵子ちゃんも食べられるかもしれないと思ったのです。それで、「恵子ちゃん、がんばったね。こんどは給食も、遠足みたいに教室にシートを敷いて食べてみようか」と言うと、にこっとしたのです。

　まわりで聞いていた子どもたちは大喜びで、あっという間にクラス

〈9〉楽しいピクニック給食

中に広がって、さっそく月曜日にしたいということになりました。さいわいなことに、月曜日の献立はこぼれる心配のないポークビーンズだったので助かりました。

　さあ、それからが大変です。1年生なので、4時間目を少し早く終わって、みんなで準備です。給食前はいつも暗い顔をしている恵子ちゃんが、何だかうれしそうです。みんなもうれしくてたまらないといった様子で机をさげたり、シートを敷いたり、もうすっかり遠足気分です。

　恵子ちゃんはやっぱり量は少しでしたが、食べるペースはみんなとほぼ同じでした。机より地べたの方が、みんなの食べる雰囲気が身近かに感じられてつられるのでしょうか。いつもより早く食べられたことをうんとほめて、みんなで拍手をおくりました。

　いつもは遅くても平気なように見えていた恵子ちゃんでしたが、やはり気にしていたのです。ほめられたことがよほどうれしかったのでしょう、この日から食べるペースも量も少しずつ変わっていきました。子どもたちは、毎日ピクニックでやりたいと言いましたが、準備も大変だし、献立にもよることなどを話して了解してもらいました。

●●● 給食で子どもと張り合う「食いしんぼう先生」

　学校生活の1日のなかで何が楽しみといって、給食ほど待ちどおしいものはありません。3時間目の終わりについうっかり「はい、給食のようい！」なんて言って、子どもたちに笑われてしまうほど、私もおなかがすいています。とくにカレーや焼きそば、ミンチカツが出るときなどは朝からうれしくてたまりません。そんなときに給食当番が遅かったら本当におこってしまいます。

　「給食当番、遅かったらおこる！」と言うので、当番は大いそがしです。でも、本当はみんなも早く給食が食べたいので喜んでいます。「きょうは焼きそばなので、先生が入れます」と言って、超スピードでよそうので、みんなびっくりします。早く食べたいときは、いつも私が入れるのです。それで「食いしんぼう先生」と言われてしまいます。丈夫な体こそが、親が子どもにのこしてやれる最高の財産だと思っ

ていますから、そのためにも食べることが好きな子に、何でも食べられる子にしてやりたいと思います。

　でも、強制するのではなく、雰囲気でさそってやりたいのです。食べずぎらいもけっこういるので、「はじめにへらしても、食べてみておいしいと思ったらおかわりしてもいいよ」と言ってやると安心します。ときには「あの子は、好きなものだけおかわりしてずるい」と言う子もいますが、「みんな同じ給食費はらってるのに、きらいなものが多い子は日ごろ食べない分、損してんねんから、好きなもののときぐらいおかわりさせてあげたらいいやん」と言うと、「なるほど」と納得します。そうして、少しずつでもおかわりができるようになるとほめてあげるので、だんだん自信がついてきます。

　いつもよく食べるので、調理師さんたちも喜んでくれて、ときどき小さいおかずやデザートのおまけを入れてくれたりします。そんなときはとりあいジャンケンですが、もちろん私も加わります。はじめは、「えー、先生もジャンケンするのー？」と迷惑そうに言われましたが、「先生だって給食費払ってるもん、権利ある」と言うと、「へー、先生も給食費はらってるのかー」とびっくりします。払わずに食べていると思っていたのでしょうか。

　私は、ジャンケンが弱くていつも負けてしまうので、子どもたちも「先生、がんばれ」と応援してくれるのですが、プリンのときだけは気合いがちがうのでほとんど勝っています。勝ったときのうれしさは格別です。満面の笑みで喜んでいる私を見て、ちょっぴり大人っぽい綾さんに「先生って、大人やんなあ。なんか子どもみたい」と言われました。自分でも子どもみたいやなあと、思わないでもありません。

　でも、前に冷凍みかんがでたときは思いがけず勝ってしまって、最後まで勝ちのこっていて負けた二人が抱き合って泣くまねをしたので、かわいそうになって三人で分けて食べました。そして、綾さんに「きょうは大人っぽいよねえ」と言ったら、笑われてしまいました。

●●● 給食は楽しいおしゃべりの場

　給食は、１班から順に子どもたちの班に入っていろいろおしゃべり

〈9〉楽しいピクニック給食

しながら食べます。これも楽しみの一つです。
　昨年の4年生の2学期、「ごんぎつね」の勉強が始まって数日後、5班で食べていたら、章くんが「ぼくが『ごん』の気持ちがいちばんわかる。だって母さんの帰りが遅いから毎日ひとりぼっちやもん」と言ったので、良くんが「えーっ、章くん、お父さんおったやん」とびっくりして聞きかえしました。
　章くんが「3年の終わりに離婚してん。あんな暴力ふるう父さんおらんほうがましや」と言うと、妙さんが「うちも。小さいころはたまに会ってたけど、もう顔も覚えてないわ」と言いだして、良くんが「ぼくとこは何でかわからんねん。お父さんやさしいのに、離婚してん。でも、今でもよく家にきてるけど。誕生日もプレゼント持ってきてくれて、みんなでいっしょにご飯食べに行ったし」と、離婚論議になりました。
　私は家庭調書で知っていましたが、章くんは両親の離婚のことを友だちに黙っているのがつらかったのかもしれません。良くん、妙さんがいる班だったから、そして給食のときだから話せたんだと思います。私もつい「女や子どもに暴力ふるう男なんて絶対ゆるされへん。別れて正解やと思うわ」と言ってしまいました。
　良くんのところは、私も本当に不思議に思っています。でも、こんなことがオープンに話せるなんていいなあと思います。食べているときって、気持ちが開放的になるのでしょうか。

のんちゃん先生の楽しい学級づくり

〈10〉学級新聞づくり
子どもたちが綴るクラスの歴史

●●● 学級新聞づくりは班ごとに担当

　給食の時間に2班でいっしょに食べながら、「今週は、2班やね。いちばん上のトップニュースは何になるかなあ？」と話しかけると、「1面はやっぱりおいもパーティーのことやなあ」と悟くん。「でも、コミックバンドクラブのライブも良かったで。幸くんもがんばってたしなあ」と宏くん。「じゃあ、二つとも書けばいいやん」と幸くん。「私たち、4コママンガ！」と女子の3人。「4コママンガは、何のことを描くの？」と聞くと、「もちろん、おいもパーティー！」と声をそろえて言います。子どもたちは学級新聞の順番がまわってくるのを楽しみにしています。自分たちの書いた字や絵が印刷されるのが、うれしいのかもしれません。
　いちばん上は、学級生活の記録としてのこしておきたいことや、学級のとりくみなどでみんなによびかけたいこと、お家の人に知らせたいことなどを、子どもなりに考えています。昨年は女子のなかにマンガの上手な子が多かったので、2学期から上段と中段の左端に4コママンガコーナーをつくってみましたら、なかなかのセンスで大好評でした。中段は、ミニミニ日記の中から各自で選んで書く「ミニミニ日記コーナー」です。

●●● 子どもたちが書くミニミニ日記

　もう20年以上前から、毎日、連絡帳を書いたあと、その日のうれしかったことやいやだったこと、友だちと遊んだことや心に残っている

ことを、自分自身の記録としてだけでなく、先生やおうちの人にも教えてあげるような気もちで、2〜3行の短い日記として書いてもらっています。子どもたちが休み時間をどう過ごしたのかや、だれと遊んだのかがわかったり、図工や音楽でほめられたことや、ときには終わりの会でとりあげて話し合わなければならないような重大な問題が書かれていることもあり、私の目の届かないところでのできごとなどがつかめることもあります。

　特に、仲良しだった女子が急によそよそしくなったときなど、お互いの微妙な感情のズレや誤解がミニミニ日記からつかめることもあります。そんなときは「先生って、愛のキューピットみたいやなあ」と言いながら、からんでもつれた糸をほぐして仲直りさせてあげます。

　40人もいたら、連絡帳に目をとおすだけでも大変なのに、1人ひとりのミニミニ日記まで読んでその場でも「へぇー、そうなの」などと、声をかけながら「よかったね」とか、「がんばったね」とか、「ラッキーだったね」とか、「ざんねんだったね」なんて返事を書いていたら、見せるために並ぶ行列が廊下にまでできて本当に大変ですが、いろんな角度から子どものことをつかみたいと思うので、やめられません。複雑なお返事が必要なときはその場はあずかっておいて、最後に

書きます。

　保護者からも「帰ってからも何も話してくれないので、友だちがいるのか心配していましたが、ミニミニ日記のおかげで学校でのようすがわかってうれしい。見るのが大変だと思いますが、ぜひ続けてください」と家庭訪問や「おうちの人のグループノート」で励まされました。その週のものでなくてもいいのですが、あまり過去のじゃないものを自分で選んで、ミニミニ日記用の小さなカードに書いて、そのコーナーに貼り合わせるのです。

　今年は、4コママンガがないので、ミニミニ日記の中から選んだことを5分間日記の用紙にもう少しくわしく書き加えをして、それらを縮小コピーして貼り合わせています。

●●● お母さんたちも楽しみな学級新聞

　学級新聞の原稿用紙も、4コママンガ用の紙も、何枚もコピーしてあり、書いたら貼り合わせるだけなので、書く記事の内容と分担さえ決めれば、休み時間や、給食が早く食べられたり、掃除が早く終わったときなどに書いていて、わりと早くできます。行事などでバタバタして時間がとれなかったときなどは、その班は掃除をなしにして、何とかその週に発行できるようにしてやります。

　いちばん下の「おうちの人へ」のコーナーを私が書けばでき上がり。金曜日の終わりの会で配り、書いた班の子どもたちが読みます。ついでに、私が書いた「おうちの人へ」のコーナーもみんなで読んでくれます。だからあまりむずかしい漢字は使わないようにしています。学校からのプリントをなかなか持って帰らない子も、自分たちの書いた新聞だけはちゃんと持って帰っています。

　「お母さんが、学校からのプリントでいちばん楽しみなのが『たんぽぽ（その年の学級新聞名）』って言ってた」とか、「『たんぽぽ』はずっと綴じていってる」なんて言ってくれると、とてもうれしくなります。「これを綴っておくと、大人になったときに『あー、こんなことがあったなあ！』なんて、いい思い出になるよ」とはじめに言ってはおくのですが…。保護者の方からも、班ごとに1冊ずつまわしている「お家

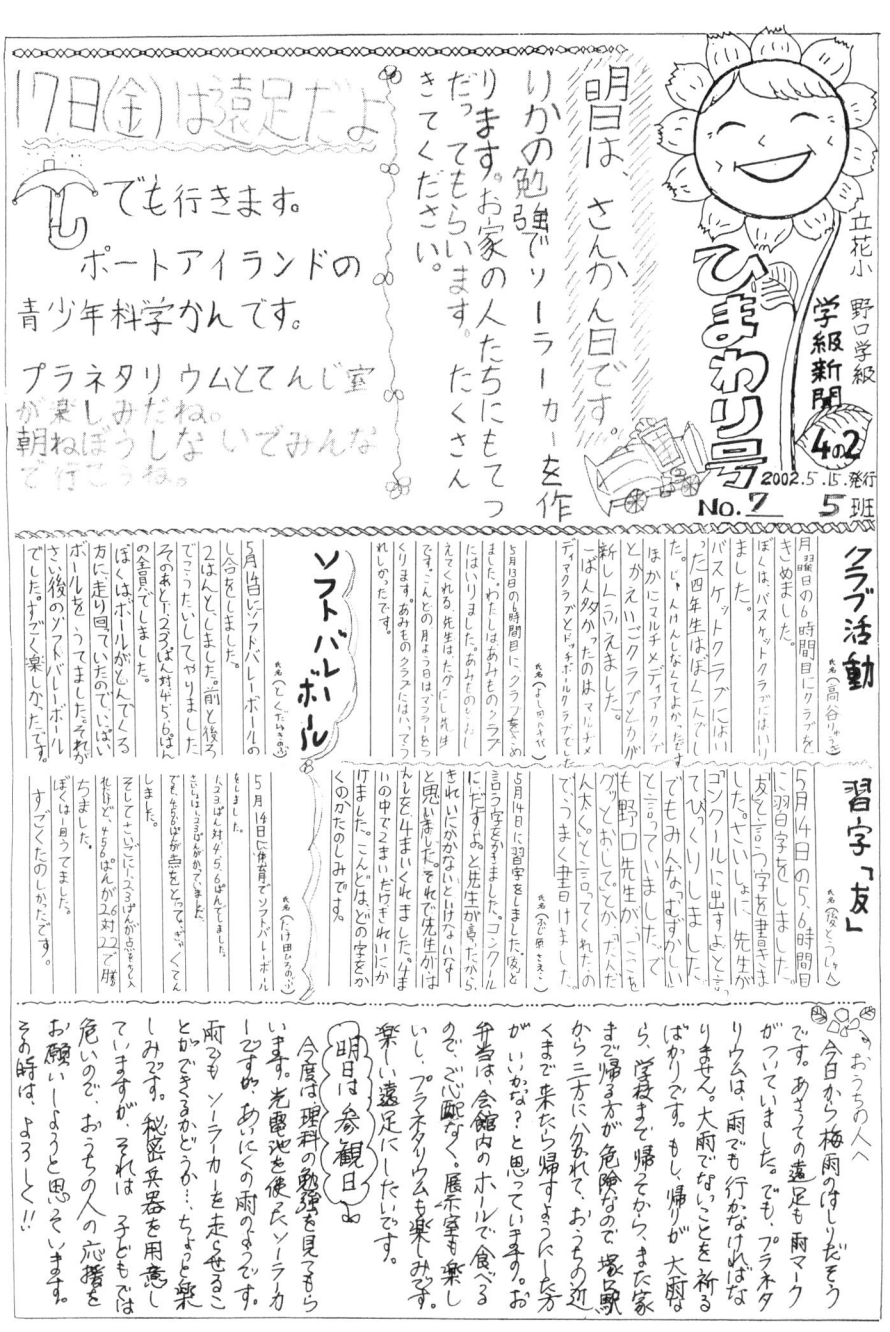

立花小 野口学級 学級新聞 4の2
ひまわり号
2002.5.15.発行
No.7 5班

17日(金)は遠足だよ
雨でも行きます。
ポートアイランドの青少年科学かんです。
プラネタリウムとてんじ室が楽しみだね。朝ねぼうしないでみんなで行こうね。

明日は、さんかん日です。りかの勉強でソーラーカーを作ります。お家の人たちにもってだってもらいます。たくさんきてください。

クラブ活動 (高谷りゅう)

月曜日の6時間目にクラブをきめました。ぼくはバスケットクラブにはいりました。ちっこう字を書きます。友だちといっしょに、先生がついていました。四年生はぼくだけでした。ほかにマルチメディアクラブとかにゴクラブなどがあります。ごくごく楽しいです。新しいクラブで、あみものクラブになったのはバマメさんで、ざんねんでした。

５月13日の時間目に、クラブに行きました。わたしはあみものクラブにはいりました。あみものクラブでは人がすくないです。リボンとかぬいぐるみとか作ります。こんどの月ようはマフラーになります。

ソフトバレーボール (たけだたいへい)

５月14日にソフトバレーボールのしあいをしました。ぼくは走り回ってたくさんボールをうってやりました。その後、1-2-3ばんのチームに分かれました。ぼくはボールがとんでくる方に走り回っていたのでいっぱいボールをうってました。それがとても楽しかったです。

５月14日に体育でソフトバレーボールをしました。3-4-5ばんとやりました。ぼくはいっぱいボールをとってからいたけど、ぼくチームは4-5-6ばんが2対1で勝ちました。

５月13日に習字をしました。コンクールに出す字を書いたから、きんちょうしながら書きました。ぜんぜんうまく書けなかったけど、先生が「こうしてごらん」といって下さったので、そのとおりにやってみるとうまく書けました。こんどのコンクールのたのしみです。

習字「友」

今日から梅雨のはじりだそうです。あさっての遠足も雨マークがついていました。でも、雨でも行くことになります。大雨でなかったら、帰りがプラネタリウムです。学校まで帰ってから、また家まで帰る方が危険なので、塚口駅から三方に分かれて、おうちの方まで帰るようにします。おうちの方まで来たら帰りますよと言っておくからね。プラネタリウムも楽しみです。お弁当は、会館内のホールで食べるので、ご心配なく。展示室も楽しい！

明日は参観日

今度は理科の勉強を見てもらいます。光電池を使ったソーラーカーですが、あいにくの雨のようです。雨もソーラーカーを走らせるのにちょっと楽しみです。秘密兵器を用意していますが、それは子どもでは危険なので、おうちの応援をお願いしようと思いそうです。その時は、よろしく!!

▲いちばん上は学級生活の記録、中段は「ミニミニ日記」より、下段は私から「おうちの方へ」

の人のグループノート（お母さんたちの交換日記のようなもの）」で、「学校でしていることや子どもたちの様子がわかって、とてもありがたい」という声が載せられることもあります。

　好きな子はけっこう時間をかけて、見出し文字のレタリングなども工夫したり、カットなども入れたりしますが、早く遊びたい男子はサインペンでなぞるのがやっとです。「学級の世論をつくっていくような新聞係に」とも思うのですが、みんなも書きたいし、自分の子どもが書くのを楽しみにしている人もおられるし、そうなると係にはできないし、世論をつくるようなものにするのはなかなかむずかしいです。

●●● 教師の学級通信から、子どもたちと共同の学級新聞へ

　新卒２年目で１年生を担任したときからずっと、学級通信を書いてきました。はじめはただ、子どもたちががんばったことを言葉でほめるだけでなく、文字でもう一度ほめて記録にのこしてやりたい、そのことを保護者の方にも知ってもらいたいという思いからでした。

　ところが、３年目にはじめて「母親大会」に参加して、「子どもを人質にとられているから、学校の先生には思ったことが言えない」という発言を聞いてびっくりして、もしかして私のクラスのお母さんたちもそんなふうに思っておられたらあまりにも悲しいと思い、その年の２学期から、学級通信の下４分の１ほどを「おうちの人へ」のコーナーにして、私の正直な考えを知らせ、それに対して率直な意見を求めるようにしたのです。お母さんたちを啓蒙しようなんていう、おこがましい気持ちはまったくありませんでした。

　２年生に持ち上がっていましたが、その年のお母さんたちは、真正直でただいちずに子どもを思う若い女性教師の熱意にこたえようと、毎週水曜日に班ごとであつまって「お母さんのグループノート」に書いた内容をもとに、「お母さん号」としてガリ版印刷で発行してくれたのです。この年は毎週、私からの学級通信と、子どもたちの学級新聞と、お母さん号の３枚が発行されたのです。

　当時は５クラスありましたから、当然、１クラスだけ勝手なことをしているという批判がありましたが、「人それぞれ自分の得意なこと

で保護者の信頼を得るようにしたらいい」と、当時の分会長のO先生が言ってくれて、「私は、まだ未熟だから書くことをとおして保護者の信頼を得たい」と、貫きとおすことができました。

　でも、もっとなかよくなるために茶話会をしたいというお母さんたちの要望はとおりませんでした。その年の学級役員のお母さんたちとは、今でもおつき合いをしています。若いからできたのかなあ！　なんて思うこともあります。

　お母さん号が出たのは、あの年だけでしたが、それ以後は、だいたい毎年、私と子どもたちの2種類の新聞が発行されていました。が、5年前（前任校での最後の年の4年生）の1学期の途中から、私の通信と子どもたちの新聞が1枚の学級新聞になりはじめました。なぜ変わったのか、きっかけが思い出せません。が、とても楽になったことはたしかです。これならだれでもできるのではないかと思います。ときどきは、「先生号」として私だけの新聞が出ることもあります。

　一昨年、2年生で同学年だった臨時講師のT先生も「保護者の方がとっても喜んでくれるのがうれしい」と、それ以来ずっと学級新聞を発行されています。1回1回学級新聞の見出しやレイアウトを書くのでなく、パターンを決めて、いつでも書けるように何枚もつくっておくのが、長く続く秘訣だと思います。

♪のんちゃん先生の楽しい学級づくり

〈11〉どきどきわくわくの「班がえ」

●●● 班は「出会い」の場、「友だち発見」の場

　学級びらきから約束の2週間がたち、1回目の班がえの日です。2週間という短い、しかも教師がつくった名簿順の班でしたが、けっこう楽しかったんだなあということが、班がえするまえに書いた「今の班について」という作文からもよくわかります。「友だち発見」ができている作文をいくつか読んで、かんたんに第1期班のまとめをします。

　はじめのころはまだ、「班がえ」というより「席がえ」という意識の方が強い子が多いようです。教室の中に自分のすわる位置が決まっていればまず安心。その近くに気の合う友だちがいればなおいい。そのまわりがどんな人で構成されようとたいして重要ではなく、黙っていれば何ごともなく日が過ぎていく。迷惑さえかけられなければ、積極的にかかわってもめたくもないし、それ以上親密になりたいとも思わない、という感じでしょうか。

　クラスの状況を見ながら、折にふれて班についての私の考えを話しています。

　「せっかく縁があって、一つの教室で勉強したり遊んだり、1日の半分以上を1年間もいっしょに生活するんだから、一度もしゃべったことがないとか、1回も同じ班になったことがないなんてさびしいよね。1年間の間に1回ぐらいは同じ班になって、まず出会ってほしいし、そのなかで本当の友だちを発見していってほしいと思っています。外から見ていやだなと思っていた人のいいところを発見するかもしれ

「好きな人となりたーい」
「ダメ！くじ引きにしよう」
「くじ引きなんて…自分で決めたいよ」
「ひとりぼっちの人がいたら入れてあげるの」

ないし、反対にいい人だと思っていた人のいやな面を見ることもあるかもしれません。

　良い面と悪い面は背中合わせになっていることが多いのです。とっても世話好きで親切な人も、やり過ぎるとおせっかいということもあるし、何でもてきぱきと早い人も、反対から見るとあわてんぼうだったり、何をしてもぐずぐずと遅いと思われている人が、実はじっくり考える人だったり、そんなことはただ教室のなかにいるだけではわかりません。同じ班になっていっしょにいろんな活動をしていくなかでわかってくることが多いのです。

　人間っていろんな面があることがわかると、人を見る目が豊かになって自分自身も成長していけるのです。そんななかで本当に気の合う友だちを発見できたらいいなあと思います。そのための出会いの場としての班ですから、この１年でいろんな人と出会うようにしていってください。でも、ただ同じ班のなかにすわっているだけで何もしなければ楽しくもないし、発見もできないから、給食を食べるときや掃除のときに楽しくなるような工夫をしたり、係の仕事をとおして自分たちの学校生活をもっと楽しくするような提案をしたり、班ごとでもどんどん楽しい活動を考えて実行していっていいんだよ」というような話

をします。

●●● 班がえは1年間に6回以上

　まず、班がえの仕方について話し合います。前任校での3年生のときには、こんな話し合いになりました。

　尋「みんなが自分のすわりたい席に行って、集まった人で班になったらいい。男の列と女の列を決めておいて」

　純子「えーっ、そんなんいやや。好きな人となりたい」（さんせーい）

　私「好きな人にしたら、前のクラスの人どうし集まってしまうのとちがう？」

　景「そうや！　それにひとりぼっちの子ができるかもしれへんから、くじ引きがいい」

　優子「くじ引きやったら、また同じ人となるかもしれないし、やっぱり自分できめたい」

　純子「それにね、先生さっき、思いっきり楽しいことを工夫して、どんどん楽しむ班にしよう！って言ったやん。なりたい人となったら楽しめる。2週間でもう新しい友だちも発見したから、前のクラスの人ばっかり集まることはないと思うで」

　幸子「私、もうなりたい人決めてる。もしもひとりぼっちの人ができたら、入れてあげようと思ってる」

　私「うーん、大丈夫かなあ？　ちょっと心配やなあと思ってる人いませんか。（シーン）じゃあ、やってみるか！」（わーい、やったー！）

　班は5〜6つなので、その年の人数によってもちがいますが、だいたい男子3〜4人、女子3〜4人という人数制限があります。週1回の学級新聞が1班から6班まで発行されたら班がえします。とくに行事が入っていたりすると、キリのいいところまでのばしたり、何か困るような問題がおきたときはいつでも話し合って班がえします。1年間に最低6回以上は班がえするので、その間にできるだけたくさんの友だちと出会うようにしよう、というのが目標です。

〈11〉どきどきわくわくの「班がえ」

●●● 名札を使って「班がえ」

　全員の名札を黒板に貼ります。
　「まず男どうし、女どうしの組み合わせをつくっていきます。だれからでも、いっしょになりたい人を言ってください」と言うと、いっせいに手が上がり、聞いた順に黒板に名札で組み合わせていきます。そのつど相手の子に「どうですか？　いいですか？」と確認しながら貼っていきます。はじめに手が上がる子はたいてい本人どうしで話がついている子たちです。時間がないときは、自分で名札を持って、いっしょになりたい人と並べて貼らせ、貼ったら席にもどらせます。条件つき好きなものどうしです。いっしょになりたい子が決まっていない子の名札が黒板の横の方にのこります。
　のこった子どうしが組むこともありますが、すでに6グループできているときは、1人ひとりにどのグループに入りたいか聞いていきます。グループになっている方から声をかけて呼ぶ場合もあります。男子ばかり、女子ばかり5人ぐらいかたまってしまったときは、つぎの班がえで優先的にいっしょにするという約束で、ほかのグループに移ってもらいます。つぎのときにはもう忘れている子も多いですが。
　なぜ名札でするかというと、生身の人間が一度くっつくと別れるのはかなり抵抗があって、だれが出るかで泣き出したり、うらんだりして複雑な感情がのこってしまいます。
　また、自分たちの集団しか見えていないので、そこから出た場合どこに入れるかの見とおしがもてず、よけい不安になって離れられないのですが、名札だと全体が見えるので、まだどこのグループが人数に達していないかなどがわかり、わりに冷静に判断できるようなのです。いつからかは忘れましたが、最近はずっとこれでやっています。
　男女3〜4人ずつのグループができると、今度は男女の組み合わせです。それぞれで集まって、どこと組みたいかを相談します。このときがちょっとわくわくで「あそこはうるさそうだけど、楽しいかも」とか、「あの女子グループは静かでやさしそうだ」などと言いながら、相手のグループを選んでいきます。男子から女子を選んだときは黄色

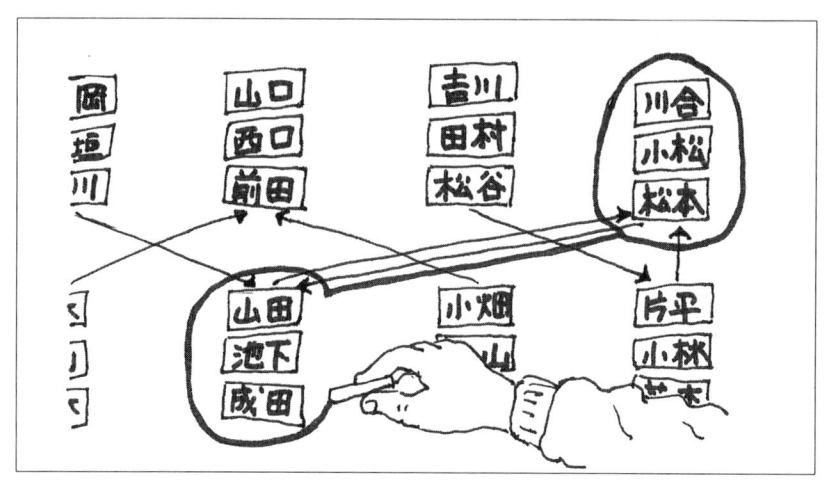

▲班がえは名札で。男女3〜4人ずつのグループができると、次は男女の組み合わせです。

のチョークで矢印を、女子から男子へは赤いチョークで矢印を書き、両方が合えば班の成立ということで、白いチョークで丸をしてつなぎます。男女の組み合わせができると、みんなでもう一度全体を見て不都合がなければ新しい班のスタートです。

つぎは、何班になりたいかをその班のメンバー6〜7人で相談し、黒板に希望の班を書いていきます。目が悪いとか、理由がある場合は優先されますが、同等の場合はジャンケンなどで決めます。窓際があたたかくていいとか、1班がテレビが見やすいとか、出口に近い方が早く遊びに出られるとか、後ろがいい、前がいいと、子どもなりにいろいろ考えていますが、決まってしまえば別にどこでもいいようです。班が決まると、今度は班ごとで座席を決めて、いよいよ机の移動で班がえ完了です。

●●● 新しい班でがんばろう会

新しい班が決まり、班長や班の係が決まったら、新しい班の出発式ともいえる、「新しい班でがんばろう会」です。

黒板に色画用紙を切りぬいた文字を貼って、その下に得点表を書いて雰囲気をつくります。できたばかりの班での仲間意識を育て、団結力を競う「集団遊び大会」です。まず恒例の「何だなんだ班会議」と「ウルトラマンゲーム」をしたあと、必ず新しいゲームを一つ加えま

〈11〉どきどきわくわくの「班がえ」

す。いちばんはじめは、早くおたがいを知り合えるようなゲームを入れます。背の順、名前の順、誕生月の順などの「並びっこ競争」。前の人の肩に手を乗せてしゃがんで歩く「むかで競走」など。

　そしてもちろん、私の手品もします。はじめてのときはきちんと時間をかけてセレモニー的にやりますが、時間がないときはゲームの中身を工夫して15分ぐらいでやってしまいます。

　新しい班になったときは、とてもうきうきはりきっているので、学級の雰囲気に合わせて、どんな班にしたいか、この班でどんなことをがんばろうかなどを話し合わせて、それを班自慢のかえ歌にするゲームなどもおもしろいです。

●●● お楽しみは、班対抗リレー

　新しい班でがんばろう会の一環として、班がえからいちばん近い体育の時間に、班対抗リレーをします。子どもたちの自主申告で、速そうな班からアウトコースに入れていきます。いちばん遅そうな班はインコースです。バトンタッチのコースが違うだけでもけっこう差が縮まるものです。まあ、やってみなけりゃわからないということで、とりあえずやってみます。

　3年生以下なら、トラックを半周ずつにして、4年生以上は一周ですが、できれば2回やらせてあげたいので、本当のトラックの少し内側にカーブを書いて距離を縮めてやります。あまり疲れさせないようにするためです。脚の悪い子や、太りすぎてかなり差がつく子がいる場合は、その子への不満が出ないように、本当の平等について考えるチャンスとして、ハンディーという言葉を教え、バトンタッチを工夫して走る距離を縮め、その分をほかの子が長く走るようにするなどの方法をアドバイスします。

　50メートル走のタイムをとって、班の合計タイムでコースを決める方法もありますが、だいたいの勘で子どもたちの申告するのが当たっているように思います。リレーは選手しか出られないので、みんなが選手の気分を味わえるこの班対抗リレーが、子どもたちはとても楽しみのようです。

♪のんちゃん先生の楽しい学級づくり

〈12〉終わりの会でその日の
トラブル解決

●●● 握手と拍手で日番の引きつぎ

　終わりの会でのいちばんの楽しみは、つぎの日番との引きつぎのセレモニーです。終わりの会のプログラムで「はじめの言葉、今日１日で言いたいこと、班長から、係から、先生から、終わりの言葉」が終わると、いよいよ「日番の引きつぎ」です。

　２人の日番が声をそろえて「あしたの日番、出てきてください」と言うと、つぎの人が出てきて、男子は男子の前に、女子は女子の前に立ちます。今日の日番が「あした１日、よろしくおねがいします」と頭をさげると、みんなで「ごくろうさまでした」と、きょう１日の労をねぎらい大きな拍手をおくります。その拍手と同時に、日番どうしが拍手ならぬ握手をしてバトンタッチします。このときがとってもわくわくしてうれしいみたいです。

　つぎの人が欠席のときは、明日はくることを願って、先生が代わりに握手します。女子は喜びますが、男子は恥ずかしそうに照れながらしかたがないというように手を出します。でも、本当はとってもうれしいのです。

　引きつぎが終わると「帰りのあいさつ」ですが、ここでもまたちょっとおもしろいことをします。「さようなら」のあと、全員がぴたっと静止します。これを子どもたちは「凍る」と言っています。日番の「はい」の合図で「解凍」されて、動き出します。

　やりはじめたきっかけは、きちんと最後まであいさつしないで、「さようなら」の「さよう」ぐらいでもう出口まで行っている子が必

〈12〉終わりの会でその日のトラブル解決

ず何人かいるので、あいさつは最後の一文字までしっかりするように「さよう」で頭をさげて、「なら」で体を起こして、「気をつけ」の姿勢で静止するように練習しました。止まるときにだれかが「ぴたっ」と言うのですが、そのわずかな瞬間に、はじめはうっかり忘れて横を向いて歩き出しかけたり、一歩足を出してしまったりしていたのですが、それがおもしろくて中にはわざとふざけていろんなポーズで止まるひょうきんな子が出てきます。日番に「はい」と言われるまでそのポーズのままじっとしていて、みんなを笑わせるのが、また楽しいのです。

　たまには6時間目を少し早くきりあげて、ウルトラマンゲームやジャンケンゲームをしてチャンピオンを決めたり、勝った子から静かに帰らせるなどもします。

●●● いやなことを家に持って帰らせない

　「今日1日で言いたいこと」のコーナーでは、もちろんうれしかったことやがんばったことも言いますが、いやだったことも言います。「どうしても許せないぐらい腹が立ったり、悲しかったり、くやしかったり、つらかったことを、学校でだれにも言わないで家に帰ると、夕食がのどをとおらなかったり、夜もなかなか眠れなかったりして、ストレスというのがたまって病気になってしまうことがあるから、必ず学校で出して帰るように」といつも言っています。

　「終わりの会で言うほどのことでもなかったり、どうしても言えないときは、ミニミニ日記に書いたり、こっそり先生に言いにきてほしい。先生が聞いていないことで、おうちの人から言われたら『あー、何で先生に先に言ってくれなかったんだろうなあ』と思って、とっても悲しい。先生は学校のなかで、みんなに起こったどんな小さなことでも全部知っておきたいから、つげ口なんて思わないから何でも言いにきて。先生もみんなに秘密をつくらないから（先生の年令だけは別）、みんなも先生に秘密をつくらないでね」

　と、何年生を担任しても言っています。先生に聞いてもらうだけでスッとすることもたくさんあるし、終わりの会で事実を確かめてきちっ

と解決しなければいけないこともあります。

　ときには、ミニミニ日記を読んで、自分で言えないのなら本人の了解をとって、私の方から終わりの会に出すこともあります。そういうことを言わないで家に帰ると、必ず自分につごうの悪いことは省いて親に言うので、問題が大きくなってしまうことが多いのです。どんなことでも小さいうちにきちんと解決しておく必要があります。会議や出張などでどうしても解決できないときは、翌日の朝の会のあとでもう一度話し合うことを約束して帰します。

　それでも本人が納得できていないようなら、夜にでも電話して事情を話し、責任をもって解決するので、信頼してまかせていただくようにお願いしておきます。最近は保護者が先に動いて保護者どうしがこじれてしまい、こじれた矛先が担任に向けられて、担任不信から学級崩壊にまで発展してしまうことが多いので、小さなことでも気をつけなければいけません。全体からみたら小さいことでも、本人や親にとったらとても大きなことなのです。

●●● 学年中からこわがられていた幸くん

　昨年の４年生のクラスに、学年中からこわがられていた幸くんがいました。始業式の担任発表のとき、「やった！」というポーズをしたので、私も同じポーズでこたえました。目立つことが好きだったからだけでなく、がんばってみようと思ったからだと思いますが、すぐ学級代表委員に立候補しました。ほかの男子がだれも立候補しないので即決まりです。この年から任期が１年になったので、チャンスだと思いました。このやる気を大切にし、よいところをうんと引き出しながら、自分の弱点に気づかせ、のりこえるのを援助し、１年間で本当のリーダーに育てていきたいと思いました。。

　幸くんは、こわがられてはいましたが、決して嫌われておらず、人気もあります。おもしろくて、やさしい面もあるし、自分の気持ちを正直に出して、それがときにはみんなの気持ちや要求を代弁している場合もあるからです。

　１学期のはじめころ、さりげなく「幸くんのことをこわいと思って

〈12〉終わりの会でその日のトラブル解決

いる人、いるの？」と聞いたら、数人の手が上がり、幸くんがびっくりしていたので、自分がこわがられていることを自覚していないことがわかりしました。なぜこわいか聞いたら、暴力をふるう、言葉が乱暴、けんかが強いからということでした。

そこで、友だちにこわがられるなんて悲しいことで、幸くんはこわがられることを望んではいない、こわがりながらつき合っているのは本当の友だちではない、幸くんも暴力をふるわないように努力するから、みんなもいやなことをされたら黙っていないで、いやなことはいやとはっきり言わなければいけない、言ってあげることが本当の友だちで、幸くんも相手がいやがっていることがわかったらそれ以上しつこくはしない、今までだれも本当の気持ちを言ってあげなかったからわからなかったんだと思う、人間は努力すれば必ず変わるし、努力する人を先生は応援するという訴えをして、幸くんとクラス全員の双方に努力をもとめました。幸くんもうなずきながら聞いていました。

学級びらきのときにも、暴力は絶対に許さないことを宣言してありましたので、4年生になってから暴力はぴたっと止まりましたが、乱暴な言葉はなかなか直りません。

正義感が強くこわいもの知らずの悟くんと、児童会役員の雪さんが、終わりの会などでがんばって幸くんの暴言を指摘してくれるようになりましたが、事実を認めてあやまるまでがひと苦労です。でも、幸くんも終わりの会に出されるのはあまりうれしくないので、気をつけようとはするようになっていきました。

そんなある日、仲よしのはずの亮くんが掃除道具入れにほうきをしまおうとしていたところを、幸くんが思いっきり掃除道具入れの扉を閉めたため、扉が亮くんの頭にあたり泣いたことがありました。幸くん自身も「しまった」と思ったようですが、一度お母さんともゆっくりお話ししたいと思っていましたので、学級びらきで宣言したとおり、お母さんにも来ていただいて、亮くんの家にいっしょにあやまりに行きました。

お母さんも真剣に幸くんのことを考えておられて、父親の暴力から子どもたち（幸くんと3歳、1歳の弟、妹）と自分自身を守るために、

3年生の終わりに離婚を決意され、女手一つでがんばっておられました。最後に、幸くんに「何か、お母さんにお願いしたいことがあったら言ってごらん」と言ったら、涙がこみあげてきて「ぼくばっかりおこるし、叩かんといてほしい」と、声をつまらせながら言いました。
　実は、兄弟げんかがひどいときは、お母さんも切れて、たたいておられたのです。暴力だけは絶対やめてもらうように私からもお願いし、幸くんには「お母さんの頼りになるよう、まだ4年生だけど、弟や妹には半分お父さんの役もしてがんばっていこう」と励ましました。
　その後、お母さんから「幸くんの目の高さになって理解していってやりたい」というお手紙がきて、親密に連絡をとりあいながら幸くんの成長を見守っていくことにしました。

●●● 「ガリ」と言われました

　人前ではなかなかあやまれない幸くんが、そのハードルをとびこえる日がやってきました。私が所用で職員室におりている間に、給食当番で牛乳を配っていた洋くんがこけて牛乳をこぼしてしまいました。すかさず、「なにやっとんねん、どじやな、ガリ！」と言ったのをしっかり者の雪さんが聞いていて、昼休みに言いにきてくれました。
　洋くんはやせているのを気にしています。自分たちはこぼれた牛乳を拭くのを手伝ってあげたのに、幸くんの言葉は許せないということで、終わりの会に出そうと思っていると。そのために、言った言わないの水かけ論にならないように聞いた証人を集めているとのこと。また、洋くんにも自分で言えるかどうか聞いてみると。
　その日の終わりの会で、何と、洋くんが自分から手をあげて「今日、牛乳をこぼしたとき、幸くんにガリと言われました」と発言したのです。ふだんはおだやかな洋くんが言ったので、みんなも幸くんもびっくりしていました。「そんなん言ったかなあ」とすわったまま言っている幸くん、いつものパターンです。
　雪さんが手をあげて「私も聞きました。洋くんがやせていることを気にしているのは幸くんだって知っているはずです」と言いました。日番が「ほかに、聞いた人はいませんか」と聞くと、雪さんが集めて

いた証人7人（女子ばかり）がさっと手をあげたのです。
　私が「男子はだれも聞いてないの？」と言うと、悟くんと省くんが「あっ、そう言えば聞いたような気がする…確かに聞いた」と、手をあげました。日番が「幸くん、洋くんにあやまってください」と言うと、あーもうしかたないというように「わかった、わかった、ごめん」とすわったままで言います。
　日番が「もっとちゃんとあやまってください」と言っても、「もうあやまったやんけ、ごめん、ごめん、何べんあやまらすねん」とふてくされています。
　私が「幸くん、洋くんに悪かったと思ってるんやね。それならきちんとあやまりなさい。あやまり方は前に教えたよね。立って、相手の方を向いて、頭を下げて、心からごめんなさいって言わなければあやまったことにはならないって。悪いと思ったときにあやまれるのが、本当の強さやで」と言うと、幸くんはもう半分泣きかけています。

●●● ハードルをとびこえた幸くん

　人前であやまるということに異常に抵抗があるのです。今日は、勝負するチャンスだと思いましたので「いつまでも待つよ。幸くんが本

当の強さを出すまで」と、長期戦を覚悟して迫りました。
　幸くんは今度は中腰になって泣きそうな顔を見られまいとして下を向いたまま「ごめん」と吐きすてるように言いました。日番が「洋くん、どうですか」と聞きましたが、洋くんは納得できないというように首をかしげています。悟くんが「幸くん、がんばれ」と声をかけてくれました。ここであやまれたら、幸くんはあやまるというハードルを一つとびこえられると思いました。
　「何べんあやまらしたら気がすむねん」と、ひらきなおる幸くん。洋くんが発言してから20分ほどたっていました。
　「幸くん、このまま家に帰ったら、洋くんはきっとおうちの人に今日のことをお話しするよ。わが子がよその子から〝ガリ〟なんて言われたと知ったら、親は絶対に腹立つよ。幸くんの家におこりに行かれるかも知れないよ。学校で解決しよう。がんばれ幸くん」と言うと、「もういいわ」というように立って、洋くんの方を向いて「ごめん」と、はじめてきちんとあやまったのです。
　目には涙がいっぱいで、今にもこぼれそうになっています。すわるなり机に顔を伏せながら「あやまったやろ！」とまだ強がりを言っていましたが、日番が「洋くん、どうですか」と聞いたら、洋くんは「いいです。これからはガリと言わないでください」とはっきりと言って一件落着しました。
　私が「幸くん、がんばったな。あやまるというハードルを一つ乗りこえたな。洋くんがんばったからやで。洋くんもえらかったな。2人に拍手やな」と言うと、いっせいに大きな拍手がおこりました。
　3日後、今度は音楽のときのことで、妙さんから終わりの会で出されたときは、5分ほどであやまることができました。そして、数日後に悟くんが終わりの会で出したときは、すぐにあやまれて、それ以後は、終わりの会で出されることも減っていましたが、すぐにあやまれる幸くんになっていきました。
　終わりの会だけで変わっていったわけではありませんが、この「終わりの会」が学級のなかに民主的な人間関係を築いていくうえで、とても重要な役割を果たしていることは確かです。

のんちゃん先生の楽しい学級づくり

〈13〉ドッヂボール秘密作戦

●●● ドッヂへたくそ、くそドッヂ

2年目の4年生のときでした。クラス分けは、ドッヂボールの強さまで考えてはできません。偶然にもボールの苦手な子が集まってしまい、休み時間のドッヂボールは1組に負けてばかりで、「ドッヂへたくそ、くそドッヂ」とまで言われてくやしがりながら教室に帰ってきました。

「そんなこと言われたんかあ！ くやしいなあ！（でも本当に弱いよね）よしっ、こうなったらドッヂボールが強くなる秘密作戦を考えよう！ 何かいい方法はないかな？」と言うと、上手な人をボールリーダーにして、チームをつくって練習するという案はすぐに出てきました。

さっそく、学級会にきりかえ、リーダーをみんなで選びました。衆目の一致するところで、男子7人と女子のNさんが選ばれ、1チーム4～5人になるようにメンバーを決めることになりました。残念ながらリーダーに選ばれなかった人は、副リーダーになってもらいます。

決め方は、まず特にボールがこわいという子がいちばん先に教えてほしいリーダーのところに1人ずつ入ります。リーダーの方から声をかけられていく子もいます。女子はどうしてもNさんか、やさしい男子のところにかたまりますので、ジャンケンになります。強くても乱暴なDくんのところにはだれも行きたがりません。

どこへ行こうか、うろうろと迷っていたAくんが、「A、おれのとこに来いや」とDくんに声をかけられてしまい、いやとも言えず、D

▲ボールリーダー（手前）は相手の力に合ったボールを上手に投げてあげる。

くんのチームに入りました。つぎに、副リーダーがチームの力がひきあうように分かれていきます。

そのつぎは、女子です。女子もDくんのところには希望がなく、多く集まったEくんのところでジャンケンしかけたとき、しっかり者のHさんとMさんが自分からDくんのチームに動いてくれました。もしジャンケンで負けてしかたなく行ったら、Dくんも気分が悪いだろうと思って動いたというのです。さすがです。

最後に、残りの男子が行きたいリーダーのところに行くのですが、男女２～３人ずつになるようにするためには、ほぼ入れるところは決まっています。黒板にリーダーの名札を貼っておいて、その下にそれぞれがさっきのような順番で名札を貼っていくのも便利です。

●●● 秘密作戦開始

秘密作戦は、体育の時間のはじめの10分間。ボールリーダーがずらりと前に並び、そこから７～８メートル離れたところにチームのメンバーが並び、１人が１回受けて投げたら、つぎの人と交代していきま

す。リーダーは相手の力に合ったボールを、受けられるように上手に投げ、相手が上手になるにつれて少しずつきつくしていくのです。受けられなくても絶対に罵倒したりせず、練習をつけてもらっている子が「もう、いやだ！」と思わないように、やさしく励ますことが大条件です。なかには、受けるのに両手をぴーんと伸ばしたままの子もいて、リーダーがそばまで行ってひじを曲げて指をやわらかくして構えるように教えたり、うしろで待っている子が投げるときの足の位置などをアドバイスしたりします。今まで、こんなにていねいに受け方や投げ方を教えてもらったことがないのでしょうか、たった10分間の練習で、本人自身がびっくりして感動するほど上手になるのです。
　もちろんまわりの励ましや評価もあるからですが、その日の日記には「今日の秘密作戦で、急にボールが強くなった気がした」と書いている子がたくさんいました。
　こうなってくると、リーダーもうれしくて、乱暴だったDくんもやさしく教えていたとほめられてご機嫌です。練習をかさねるにつれ、目に見えて上達するのがわかります。時どき、２チームずつ組んで、チーム対抗試合をしたり、４チームずつに分かれて試合をしたりして、チームがどれだけ強くなったかを競ったりもします。

●●● 変わったドッヂボールいろいろ

　クラスだけでするときは、みんなが強くなることが目的なので、ルールを変えます。

　《交代ドッヂ》普通だと一度当たると、だれかを当てないかぎり中には入れませんが、交代ドッヂは外野はつねに２人で、内野の人がボールに当たったら外野の人と交代するので、だれも当てなくても中に入れるというルールです。これだと、当たっても必ず入れるので、安心してボールに手を出すことができます。何回ボールにさわられたか、何人ボールにさわられたかを競います。

　《リーダー外野》８人のリーダーが４人ずつに分かれて外野に出ます。ほかの子も２チームに分かれて内野に入ります。内野の子は当たっても出なくてよく、ボールを受けた回数を競います。

　《凸凹ドッヂ》リーダー８人と、残り全員が対決します。リーダー集団は強いのでコートをうんと小さくしてハンディをつけます。コートの大きさが大きいのと小さいのとになるので凸凹（でこぼこ）ドッヂと言っています。男子対女子の場合も男子のコートを小さくして、女子のコートを大きくします。

　野球でも、２軍が強いチームは１軍の選手ものんびりしていられなくてがんばるので、チーム全体が強くなります。ドッヂボールは、弱い子が当たってしまうとなかなか入れないので、弱い子を強くすることがチームを強くする秘けつであることを教えてやります。

　こんな練習をしているうちに、１組と対等に試合ができるようになっていきました。

●●● ボールの苦手な人を強くする会

　この年は「秘密作戦」という名前にしましたが、この「ボールの苦手な人を強くする会」は、いつ、どのような形で導入するかはそのときのクラスの状況によってちがいますが、毎年私の実践のプログラムに入っています。何年生であっても、ドッヂボールが子どもたちの遊びのなかで王座を占める時期が必ずきます。放っておけば、ボール運

〈13〉ドッヂボール秘密作戦

動が上手か下手かで人間の値打ちを規定してしまったり、ときにはきたえてやると称して「しごき」がはじまったり、そういう力が陰にクラスを支配してしまうことにもなりかねないからです。

　以前に担任した3年生では、遊び係が提案したドッヂボールを何人かの子がいやがって、外に出ないで教室で追いかけっこをしていたことがわかり、遊び係がおこって言いにきましたので、終わりの会で出すように言いました。それから、教室で遊んでいた子のいる班の班長たちを呼んで、終わりの会では守ってあげるよう助言しました。まず班会議の時間を要求すること、次に本人たちに、どうして外に出なかったのか、やさしく理由を聞いてあげること、きっと理由があるはずだから、自分で言えるように励まして、どうしても言えないようなら代わりに言ってあげることなどのアドバイスをしました。

　終わりの会では、班長や班員に励まされて、みんな自分で言えました。

　「遊びがドッヂボールばかりでつまらない」「ボールがこわくて逃げてばっかりだからおもしろくない」「強い子ばかりがボールをとって全然まわってこないから楽しくない」「でも、本当はもっと強くなりたいと思っている」と聞いて、遊び係や強い子ははじめて「受けられない、投げられない、逃げるだけのドッヂボールはつまらない」というその子たちの苦しみを知り、この子たちのほかにも同じ気持ちの子がいることがわかったのでした。

　それがきっかけで、みんなで楽しめるようにするためにどうしたらよいかを話し合い、「ボールの苦手な人を強くする会」をすることになったのです。導入の時期やきっかけは、その年の子どもたちの実態によってちがいますが、やれば必ず効果が見えて、強い子にも弱い子にも、けっこううける取り組みです。

♪のんちゃん先生の楽しい学級づくり

〈14〉みんな遊び

●●● 風船バレーボール

　朝の会で、遊び係が「きょうは雨なので、昼休みは風船バレーボールをします」と言うと、「やったー！」とみんな大喜び。
　昼の掃除が終わると、机を後ろと横の壁に押しやって、バドミントンのネット（古くていらなくなったのをもらって教室に置いてある）を教室の中央に張り、黒板にトーナメントで対戦する班の組み合わせ表が書かれます。1試合は3分で1分30秒たてば、遊び係が前衛と後衛を交代するよう知らせます。ルールは、3回以内に相手のコートに返すこと、コートは後ろも横も押しやられた机まで、同じ人が続けて2回打つのはだめで、サーブ権など関係なく失敗したら相手に1点入るというだけの簡単なもの。
　「みんな遊び」は、月・水・金の昼休みの半分の10分間だけと決めているのですが、雨の日はほかの遊びもあまりできないので20分間でできるところまでやります。優勝決定戦をしてもまだ時間があれば3位決定戦や最下位決定戦まで。はじめのころは準備や、チームの入れかえに時間がかかって3回戦しかできませんでしたが、スムーズにできるようになると6回戦もできるようになります。
　たまには、男子対女子ですることもあります。そのときは人数も多いので、できるだけ多くの子が打てるように、自分のチームで5回以上打ってからでないと、相手のコートに返してはいけないというルールにします。

▲教室にネットを張って風船バレーボール。前任校での2年生のお別れ会。

　雨の日の遊びは、この風船バレーボールがいちばんの人気ですが、ほかには「大あらし・フルーツバスケット」や、2チームに分かれてハンカチ落とし、ステレオゲーム、輪なげ大会、五目ならべ大会などがあります。輪なげの輪は、給食で出た「6Pチーズ」の丸い外枠やセロテープを使い終わったあとの丸い芯などにビニールテープを巻いてつくり、いすを逆さまにして脚を的にします。五目ならべの用紙は、印刷を失敗した紙のうらに1センチメートル方眼をたくさん刷って、遊び係のボックスに入れてあります。

●●● 晴れの日の遊び

　晴れの日のいちばんの人気遊びは、やはりドッヂボールです。当たって外野に出ても、つぎの人が当たれば中に入れる「交代ドッヂ」ばかりでなく、普通のドッヂや「王様ドッヂ」もけっこう人気があります。各チームで王様（男子）と王女様（女子）を一人ずつ決めておいて、当たった人数ではなく、先に王様か王女様が当たった方が負けになります。いつもよくボールを受ける子が急に逃げてばかりいるとすぐに

ばれて、徹底的にねらわれてしまいますから、ときにはおとなしい子を王様にしたり、ちがう子を王様に見せかけて守る振りをしたり、双方ともうまくごまかして、だれが王様・王女様かまったくわからないで試合が終わることもあります。

　ほかには、ケイドロ（警察と泥棒）や鬼ごっこなどもよくやります。このごろはなつかしい「缶けり」も出てきました。タイヤジャンケンや渦巻きジャンケンも低・中学年には人気です。寒い時期には大縄跳びもはやります。

　前にサークルで教えてもらった「敵陣突破」というちょっと物騒な名前の遊びは、コートが一つあれば、あとは赤白に分かれるだけですぐできるので、時間のないときなどに便利です。先攻のチームがコートの一方の端から「敵陣突破！」と叫んで、コートのもう一方の端にある相手チームの陣地に向かって走ります。途中でコートの外に押し出されないようにうまくコートの中を走り抜けて、相手の陣地に入った人数を数えておきます。つぎは交代して、敵陣に何人入ったかで勝敗が決まります。

　短時間で何回でもできます。慣れてくると、強い子にはかまわず、押し出せそうな子にねらいをつけてできるだけたくさん押し出すなどの作戦も立てるようになります。少々荒っぽい遊びでたまにはけが人も出ますが、なぜか気にいっています。

●●● 「みんな遊び」が必要なわけ

　遊び係もその年のクラスの状況によって、導入する時期はちがいますが、私の1年間の実践のプログラムのなかに必ず入っています。

　低学年では、休み時間になっても自分から友だちも誘えず、教室でじっとすわっている子、天気がいいから外で遊ぶように言われても、何をして遊べばいいかわからない子、たった1人でジャングルジムにのぼって、それで遊んだと思っている子など、友だちと遊べない子が増えています。ハンカチ落としや花いちもんめ、鬼ごっこなどの伝統的な遊びを、幼稚園や保育所で経験していないようです。ちょっと教えてやると、嬉々として遊び始めるので、ちょっぴり哀れな気がしま

〈14〉みんな遊び

すが、やはり最初は先生がいっしょに遊んでやらないと、みんなと遊べないのです。

　今は、中学年でも塾や習いごと、少年野球・サッカーなどで忙しく、帰ってからの遊びといえばファミコンやカード遊びで、群れて遊ぶという経験が少なく、みんなで体を動かして遊ぶ楽しさを知らない子も多いようです。はじめから「遊び係」を提案しても、すぐのってくるクラスもあるし、はじめは先生がいっしょに遊びながら、みんなで遊ぶ楽しさを経験させてから「『みんな遊び』を計画してくれる係をつくろう」と提案する場合や、高学年では、学級分析のなかから必要性を訴えて導入することもあります。

　小学校の間に、豊かな少年期をくぐらせること、思いっきり群れて遊び、友だちとぶつかり合う経験をたくさんさせておくことがだいじだと思っています。このことは、「〈19〉参観日 ──泣いた太くん」(100ページ〜) のところでくわしく述べます。

　本校の生活目標は「気持ちよいあいさつをしよう」と「外で元気よく遊ぼう」ですが、外へ出ても、1人では遊べないので「みんな遊び」がとても有効です。「みんな遊び」がなくても、自分たちで群れて遊べるようになれば、「遊び係」はやがて係活動のなかから消えていきます。

のんちゃん先生の楽しい学級づくり

〈15〉お誕生会

●●● 1年間のいちばんの思い出

　3月になって、1年間の思い出を聞けば、子どもたちは決まっていちばんに「お誕生会」をあげるのです。教科の勉強だって工夫して教えたし、ほかにもいろいろとりくんだはずなのに…と思うのですが、もしかしたら「小さいころのインタビュー」——あのときこそは確実に自分が主人公であり、注目の的になれたからでしょうか。実は、それだけではないということが、昨年担任した4年生でわかりました。

　昨年は「総合的な学習の時間」として3学期に「2分の1成人式」をやってみようと考え、二番煎(せん)じになってはいけないと、はじめて「お誕生会」をやらなかったのです。10月に入って、何となく今までのクラスとちがう、いつものような親密さがまだ感じられない、いったいなぜなんだろう？　と考えて、気づいたのです。「お誕生会」の「班の出しもの」です。そのことが、はからずも12月のクリスマス会で、班の出しものをしたときに実証されたのでした。

●●● 小さいころのインタビュー

　お誕生月の子どもたちが教室の前にすわり、1人ずつ先生のひざに抱っこされて、自分の小さいときのことを聞きます。照れくさそうに耳をふさぎながら聞く子もいます。でも本当は、みんなが自分に注目してくれているこのときがいちばんうれしいのです。

　クラスのみんなは、教室の中央に置かれたテープレコーダーに聞き入ります。テープレコーダーからは、子どもたちのかわいいちょっぴ

▲今月の主人公は4人。一人ひとり先生のひざに抱っこされてインタビューを聞く。

りかしこまった声がとび出してきます。
　「今から〇〇くんのおばちゃんにインタビューします。〇〇くんの生まれたときの体重は何Kgでしたか？」
　「3900Kgでした」（うわー、めちゃ大きい！　と驚きの声）
　「生まれたときの身長は何cmでしたか」
　「53cmでした」（大きかってんなあ！　でも今は中ぐらいやなあ！　と不思議そう）
　「小さいときに、大きな病気やけがをしませんでしたか」
　「1歳のときにひきつけをおこして、救急車で運ばれて死ぬかと心配したことがありました。（ええーっ！）でも、そのあとは病気もけがもなく、元気でここまで成長してくれて喜んでいます」（よかったなあ！　と顔をのぞきこんでいる子もいます）
　「どうして崇広という名前にしたのですか」
　「おじいちゃんとお父さんの名前から1字ずつもらって、人の役に立つ心の広い人になってほしいと思ってつけました」
　「クラスの友だちや先生に何かひとことどうぞ」
　「はい、みんな野口先生の言われることをよく聞いて、仲よく助け

合いながら、しっかり勉強してください。崇広はちょっと気が弱いのでみなさんから声をかけて遊びに連れ出してやってくださいね。先生にはお世話かけますが、よろしくお願いします」
「インタビューにこたえてくれてありがとうございました」
「ご苦労さまでした」（大きな拍手がおこります）

　インタビューには、いろいろなハプニングもおこります。急に赤ちゃんの泣き声が入ったり、途中でお客さんが来たり。でもそれもまた、楽しみの一つなのです。ときには、友だちの思いもかけない病気や、事故でできた傷のことなどを知らされることもあります。そんなとき、教室は水を打ったようにシーンとなります。そして自分たちが、どれほど親に心配や苦労をかけながら大きくなってきたのか、また１人ひとりが、どんなに大切な命であるかを感じてくれるのではないかと思うのです。

●●● テープレコーダーを持って取材に

　インタビューは、低学年なら４～５月の家庭訪問のときに、前もって聞くことをお知らせしておいて、教師がテープレコーダーを持って行って録音します。中学年以上になれば、そのつどおうちの人のご都合を聞いて、班の友だちや、その日に行ける子どもたちがテープレコーダーを持ってインタビューに行きます。
　以前、おうちの人が帰るまで押し入れなどでかくれんぼをして遊んでいて叱られたこともあって、家に入るときの挨拶はもちろん、案内された部屋以外は入らない、お茶などを催促しない、お菓子を出されても仕事が終わるまでは手を出さない、帰るときの挨拶など事こまかに約束ごとを話し合っておきます。おうちの人も、ほかの子の様子もわかり親しみを感じて、自分の子と同じように注意してくれたりして、クラスの子どもたちをみんなで育てていこうという学級ＰＴＡづくりにもつながります。でも、どうしてもおうちの人のつごうがつかないときや、複雑な家庭事情のある場合は担任が何とかします。
　先生のひざに抱っこされるというのも魅力かもしれません。でも、

〈15〉お誕生会

　5年生で提案したときは、あやうく否決されかけました。「小学校生活6年間で一度ぐらい先生のひざに抱っこされたという思い出があってもいいんじゃないですか」という私の説得にうなずいている子もいたので、「いやがっている子を無理やりつかまえて抱っこするのも悲しいし、でも抱っこしてもらってもいいという人もいると思うので、これについては『本人の希望にまかせる』としたいと思います」と提案し直して可決してもらいました。でも、最初の子がひざに抱っこされたので、結局はそのまま全員抱っこされてくれたのでした。

　あとにも先にもその年の5年生だけでしたが、いったいいつの間に話し合い準備したのかまったく秘密で、2月2日の私の誕生日に、私のお誕生会をしてくれたのです。教室に入ったとたん、思わず涙が溢れ出してしまいました。しかも、「先生のインタビュー」というプログラムで何を聞かれるのかと思っていたら、何と、私の母にインタビューしていたのです。母も私には何も言わず秘密にしていたのです。

　クラスでいちばん大きい「ラッカー」というあだ名の男の子のひざに抱っこしてもらって、私の小さいころのことをみんなといっしょに聞きました。その子たちも今は34歳。ほとんどが地元にのこり、友情がつづいていて、何かあれば今でもすぐに連絡してくれています。

●●● 子どもたちを親密にする「班の出しもの」

　お誕生会では、必ずお祝いに「班の出しもの」をしてきました。班で力を合わせて一つのものを創りあげるのです。まず、何をするかでもめます。人形劇（UFOキャッチャーで取ってきたお気に入りの人形を持ち寄って、どれを使うかを決めてからシナリオをつくるのです）、ペープサート（画用紙に、登場させる人物などを描いて切りぬき、それを割りばしにつけて下から動かす紙人形劇）、劇、紙芝居、合奏、歌、クイズ、手品、漫才などいろいろな意見が出てきます。

　何とかまとめようと班長がいちばん苦労し、同時に最も成長する場面でもあります。「私たちはこんな理由でこれがいいと思うけど、何でいや？」と説得したり、劇とクイズに分かれてしまったときなど「じゃあ、劇のなかでクイズを出したらいいやん」と折衷案を考えた

り、ときには困ってしまって先生に相談に来たりして、何とか決まると、動き出すのは早いものです。

　練習期間は2週間ほどで、練習時間は話し合いの時間も入れると、学級活動や道徳、図書、雨で体育ができなかったときなどを使って5〜6時間の計画で、最終練習では1班3分以内にできるようにストップウォッチでタイムを計ります。

　この練習が楽しくてうれしくて、自主的に休み時間や放課後も使ったり、授業時間でも、私が教室に行くのが少し遅れたりするとちゃっかり使っていたりして、そのまま練習に要求されることもあります。本当はうれしいけど、困った顔をして練習にあげると大喜びです。練習中ももめますが、もめた班ほど、成功したときの喜びは大きいものです。

　つごうのよいことに、どのクラスでもだいたい4月生まれから3月生まれまでそろっているので、適当な人数ごとに区切って、2カ月とか3カ月目に1回必ず実施できます。時間割のつごうで3・4時間目を使うときもありますが、たいていは6時間目まである日の5・6時間目を使います。掃除が終わってから、会場づくりができるからです。

　4・5月の人のお誕生会だけやって、あとは忙しいからしないというわけにはいきませんから、ときには本当に忙しくて私が忘れていても、子どもたちの方から「もうぼつぼつ準備をしなければ」という声があがります。1回経験すると、必要な仕事やスケジュール、プログラムなど話し合う中身がわかるので、低学年でも原案をつくり、自分たちで話し合いをすすめることができるようになります。

　画用紙を6枚貼り合せた大きなバースデーケーキ（次ページ写真参照）と「おたん生会」の文字などのお誕生会グッズは、ほかのクラスや学年にも貸し出したりもしています。一人ひとりの名前を書いたローソク（裏に磁石を貼る）やプレゼントするバースデーカードなどは、そのつど分担して子どもたちがつくります。

　また、お誕生会のたびに班の出しものをする機会ができるので、時間さえ保障してやると、はじめのころは歌やクイズだったのが、オリジナルのペープサートや劇、人形劇、紙芝居など、内容が文化的にも

◀ 劇「サンタさんがやってきた」の後、「赤鼻のトナカイ」を全員で合唱。

◀ みんなからのメッセージが書かれたバースデーカードに見入る子どもたちのうれしそうな顔！

◀ ペープサート「ハムタロウの夏休み」を上演。あっ、頭も体も見えちゃってるよ。

◀︎バースデーカードづくり。作っているのはとび出すバースデーカードだよ！

◀︎1班からは班の出しもののあとに、突然手作りの花束がプレゼントされて大喜び。

　高まっていきます。「先生の出しもの」は、もちろん手品です。お誕生の子どもたちは、自分たちのためにみんなが一生けんめい飾りつけや出しものを練習してくれていることがうれしくて、準備の間から胸をわくわくさせています。

　昨年はお誕生会をしなかったので、月に1回は何か楽しいことをしようと、ゲームや班対抗リレーやうでずもう大会などをしてきて、12月には「クリスマス会」をすることになりました。希望者でクリスマ

〈16〉頼りになる算数リーダー

　みんなが目をつぶって、リーダーになってほしい人に手をあげていきます。1人で5回ぐらいあげられることにして、私の方で人数をメモしておきます。
　私の予想していたとおりになるときもあれば、計算が早いだけで選ばれたり、やさしさで選ばれる子もいて、必ずしも成績だけでは決めていないようです。「とっても接戦でしたが」と、上位から必要人数までに入った子を発表し、残念ながらのこった人たちには副リーダーになってもらいます。
　生活班の席をあまり大きく動かさないで、4人班をつくります。そのとき、つまずきの大きい子は班に1人ずつになるように教師の方で区切り方を工夫したり、班のなかで席を入れかわってもらいます。
　4人班の中にリーダーがいればそのままで、いなければリーダーが2人になる班から1人、班のだれかと入れかわってもらいます。副リーダーも一つの班に2人にならないようにし、副リーダーがいないときは、その4人班のなかから選びます。
　こうして算数のときの4人班ができあがります。

●●● 先生、来なくても大丈夫！

　4年生でわり算の筆算を勉強しました。「何桁になっても、たてる、かける、引く、おろす、『たて、かけ、ひく、お』のくり返しでできるのです」と基本の問題を練習して、いよいよ練習問題のプリントです。「算数リーダー、来てください。まず、名前を書いてもらってください。全員が名前を書いたら（1）の問題をして、つまずいている人はいないかを確かめてください。4人で答えあわせをして、全員が大丈夫だったら、（2）以下をやっていいです。もし、まだやり方がきちんとわかっていない人がいたら先生を呼んでください」
　と言って、練習問題のプリントを渡します。どの班も算数リーダーに「まず名前を書いて」と言われて、いっせいに名前を書き始めています。私が1人で配って「さあ、名前を書きなさい」と言っても、集めたときには必ず数枚は名前のないプリントが出てくるでしょう。リーダーをとおして、指示が徹底できました。

みんな問題（1）をやり始めました。リーダーはいち早く仕上げて、班員の様子を見ています。4班の綾さんがつまずいているようです。「どうかな？」と見に行くと、リーダーの博くんが「先生、来なくてもいいで。引くところでまちがっただけやから。綾さん、やり方はわかってるから大丈夫」（ぼくにまかせて）と言う顔で追いかえされてしまいました。うれしいやら、さびしいやら。でも、上手に教えていて、とても頼もしいです。綾さんもうれしそうな顔でちらっと私の方を見ました。友だちに教えてもらう方がうれしいのでしょうか。

　どの班も、（2）以下の問題に入りました。リーダー以外の子も頭を寄せあって、まだできていない子を見守っています。4人とも全部できた班は、4人で答えあわせをします。それも終わった班は、リーダーが2つ3つ問題をつくって、ほかの班が全員できるのを待ちます。つまずきのある子がいる班ほど、リーダーのやりがいがあります。でも、たまにはつまずきが大きすぎて、リーダーがお手あげになるときもあります。そのときは先生の腕のみせどころです。

●●● 理科リーダー、国語リーダーを決める

　理科の実験で4人班になった方がいいときや、国語の本読み練習など人数が少ない方が順番が早くまわってよい場合なども、この班を使います。そのときのために、残りの2人のなかから理科リーダーと国語リーダーも決めておきます。5人班のところは1人あまるので理科か、国語の副リーダーになってもらいます。

　理科の実験などは、道具さえそろっていればできるだけ少人数の方が一人ひとりが実験できていいし、4人ぐらいが見やすいと思います。

　国語の本読みで、最初の「一文読み」の練習のときは、文字を正しく読むことを目標にするので、つまったり間が空いてもよく、書いてある字をとばしたり、勝手に文字を増やして読んだりしたときだけをアウトにします。まちがったら、国語リーダーがチェックカードのその子の名前の下に「正」の字を書いていくのです。

　4人班のときは、だれかがアウトになると、おたがいに「やったー」と喜んでいるのですが、班対抗で一文読みをするときは、まったく逆

で、自分の班の子がまちがえないようにと祈るように見守り、うまく読めると小さく拍手をしたり、まちがっても励ましたりして、ほほえましい場面も見られます。

●●● ピポピポ大作戦

　低学年のときは、わからなかったり、困ったりしたときは、「せんせい、たすけてー」と言えば、先生が救急車になって助けに行くようにしています。「ピーポーピーポーきゅうきゅうしゃー」と歌いながら「はーい到着！　どれどれ…」と見てやると、とても喜びます。

　前任校で２年生を担任したとき、１人の女の子がプリンカップをマジックインキで赤く塗ってゴムひもをつけたものをつくってきて、本当の救急車みたいに私の頭につけてくれました。参観日もそれをつけて授業をさせられて、さすがにあのときはちょっと恥ずかしかったですが、でも子どもたちが喜んでくれる方がうれしくてやってしまいました。

　早くできた子が「ぼくも救急車になってもいい？」と救急車になりたがるので「いいよ。でも、あんまり遠くに行かないで、できるだけ近所の人を助けてあげてね」と言って、応援してもらいます。しばら

くすると、ちびっ子救急車があちこちに走りまわっています。少しにぎやかですが、教えられる子もうれしそうです。

　先生が、「こんなのわからないの。さっき教えたばかりじゃないの」なんて言うと、子どもたちも先生とおなじ口調でえらそうに言うので気をつけなければいけません。「わからないから勉強してるので、わからないと言えることが大切なんだよ。これはねえ…」なんて言うと、子どもたちもおなじ口調でやさしく教えてくれます。まさに、子どもは教師の鏡です。

おまけのアイデア〈その4〉

〔ゲーム〕ムカデ競走

　班ごとに1列に並ぶ。前の人の肩を持って、下の絵のように腰を下ろしたまま前進すると、足だけが動き、ムカデのような歩き方になる。途中で誰か手をはなすと、失格である。

著者画

のんちゃん先生の楽しい学級づくり

〈17〉ヤッター！ 漢字テスト全員100点！

●●● 漢字テストの丸つけしたい！

　放課後、国語学習委員が小黒板に明日の漢字小テストの問題を、一問一問分担して書いています。今日、クラス全員が80点以上になったので、明日はつぎの問題にすすむためです。

　問題は、漢字くりかえしドリルの12ページ（6）〜（10）の5問です。ひらがなで「ゆうきをだす」と書いて、漢字になおす部分の「ゆうき」と「だ」の右側に赤い線を引いていきます。さすが国語が好きで集まっただけあってどの子もきれいな字です。先生じゃないのに黒板に問題を書けるというのが、うれしくてたまらないのです。書き終わると、今度はすぐ配れるようにテスト用紙を班ごとの人数分ずつに分けておきます。これで準備完了です。

　本当は、漢字の丸つけも自分たちでやりたくてうずうずしているのがわかっていました。トイレとお茶を飲むだけの5分間休みに、私が大急ぎで丸つけするのをいつも見ていて、丸つけのスピードが速いのにびっくりしながらも、時どき「あー、先生、ここ点がぬけてる！」とまちがいを見つけては教えてくれるのです。

　漢字テストが始まって1カ月ほどたったころ、もうぼつぼついいかなと思い、「あーほんとう！　ありがとう。ふーっ、38枚もつけるの大変やあ。漢字ノートも見なあかんし」と言うと、「待ってました！」とばかりに声をそろえて、「先生、私たちでつけてあげようか」「つけたい！」「絶対にまちがえないように気をつけるから、つけさせて！」「もし、心配やったら、私たちがつけたのを先生がもう一度見なおし

たらいいやん」と、ついに丸つけの仕事をゲットしました。

　さっそく、私の持っている３本の赤ペンを５人でどう分担するかを相談しています。先生の赤いソフトペンを使えるのもうれしいのです。よく「先生、このペン、どこで売ってるの？」なんて聞いていましたから。

　毎日３人ずつのローテーションを組んで、翌日からいよいよ国語学習委員による丸つけ開始です。私よりもきびしいぐらいに「はねる、はらう、とめる」ところもチェックして、「今、正しく覚えておくのがだいじやから」と、意欲まんまんです。ほかの子どもたちはうらやましがりましたが、やはり漢字は国語学習委員の分野ですから文句は言えません。それにトイレ休憩を使ってまでしてくれるのですから。

●●● 漢字の宿題は毎日10問

　漢字の宿題は、漢字くり返しドリルのページの10問です。例えば、12ページの（１）〜（10）が宿題だと、テストに出るのは（１）〜（５）までなので、（６）〜（10）は次のテストのための予習ということになります。（１）〜（５）のテストでクラス全員が80点以上をとると、つぎのテストは（６）〜（10）になりますから、宿題はつぎ

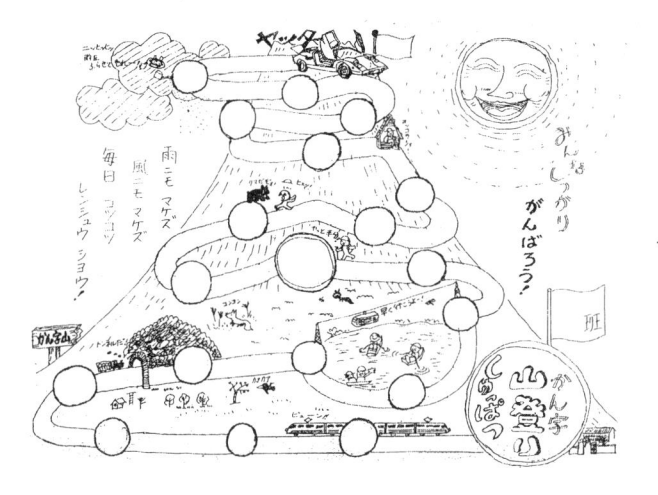

◀漢字山登り。これは班でとりくんでいたときのもの。班の全員が80点以上とれば一つめの○印の中に日付を入れて、そこまでの道に色をぬっていきます。

の5問（11）〜（15）を入れて、漢字ドリル12ページの（6）〜（15）の10問ということになり、いつも、つぎのテストの問題も練習していることになります。

　全員80点以上にならないときは、いつまでも同じ宿題ですが、何とか2、3回目には80点になるように私が声かけをしたり、個別指導をしたりします。たった5問ですから、まじめに練習さえすれば80点はとれるはずです。漢字を一文字まちがったら10点引き、送りがなを一文字まちがったら1点引きです。励みをもたせるために、学年にあわせて漢字「りんごの木」や、漢字「山登り」、漢字「新幹線」、漢字「日本一周」などのプリントを漢字テストつづりに貼らせ、80点以上とったら「りんごシール」を貼ったり、色を塗らせたりします。

　4年生では、日本地図の県名を覚えさせたいという理由もあって、漢字「日本一周」にとりくみました。80点以上をとると、北海道から順に北から一つずつ色を塗っていくのです。全員が100点のときだけ、大サービスで三つの県を塗れます。このときは、自分の好きな県を塗ってもいいことにします。

●●• おれも、やったらできるやん

　4月のはじめごろ、毎日の漢字小テストが30点でも40点でも平気のKくんがいました。私が忙しくてとりくんであげられず、同じテスト

が4回目になったとき、Yさんが「先生、もうつぎにすすみましょう」と言いにきました。

「うーん、でもね、このクラスの目標は、1人もとりのこさずにみんなで手をつないで前にすすもうだよね。Kくん1人おいていけないよ」と言うと、少し口をとがらせて困った顔をしました。

「Kくんは何でおなじテストなのに、80点もとれないんだろうね」と言うと、「だって、3年生のときも、いつも20点とか0点でも平気でいたから80点なんて絶対に無理やと思うけど」という返事でした。

「何でやろう？ Kくん自身が、おれなんかやったってどうせできないと思ってるのかも知れないね。でも、先生はKくんだってやったらできると思うし、やったらできるということをKくんにもわからせてあげたいねん。たった5問ができないのは何でやと思う？ 理由は三つ考えられると思うねん。一つは、練習していない、二つ目は、練習した字がまちがっている、三つ目は練習のしかたがまずい、ひらがなの方を見て漢字に直すのじゃなくて、漢字を見てうつしているだけ。Kくんはどれと思う？」と聞くと、「うーん、練習してないんじゃないかな」とYさん。

「ピンポーン。先生もそう思う。練習したらできる子やと思う」

「わかった！ Kくん、なまけ者っていうだけじゃなくて、家に帰ったら小さい弟や妹がいて、宿題できへんのかも」

「すごーい！ さすがYさん。本当は先生が残して教えてあげたらいいねんけど、毎日会議なんかがあって、それに『のこ勉』って、いやがるでしょう。何とかしてあげなくっちゃと悩んでたところなの」と言うと、「ふーん、そうかあ。でも女の子に教えられるのもいやがるかもなあ。じゃあ、ちょっとTくんに相談してみるわ」と、Kくんの近所のTくんのところにとんで行きました。

そして、その日、KくんはTくんの家に行っていっしょに宿題をすることになったようで、とてもうれしそうでした。

つぎの日、Kくんは60点をとり、そのつぎの日はついに80点になり、みんなの前で「おれも、やったらできるやん」といばって見せて、大笑いしました。

〈17〉ヤッター！　漢字テスト全員100点！

　私が「何で、急にできるようになったの？」と聞くと、「Tくんといっしょに練習してん」とうれしそうに言いました。
　「へえー、Tくんのおかげやなあ」と言うと、Tくんが「Yさんがな、Kくんが80点になれへんかったら、みんなで前にすすまれへんから、Kくんといっしょに宿題したってって言うたから、そうやなと思ってさそってん。でもなあ、おとついKくんがおれの家に来たとき、漢字ドリルもノートも鉛筆も何にももたんと来よってん。お前、何しに来てん言うて、全部貸したって広告の紙の裏に練習してんで。つぎの日はちゃんともって来たけど」と笑いながら言いました。
　「そうかあ、Yさんってすごいなあ！　これが、本当に『一人もとりのこさずに、みんなで手をつないで前にすすむ』っていうことやなあ。YさんとTくんと、やればできる自分を発見したKくんに拍手！」と大きな拍手を送って、給食のときにみんなで牛乳で乾杯しました。
　Kくんはそれからは、何とか2、3回目には80点がとれるようにがんばっていました。もし、個人競争だけにしていたら、Kくんはなまけ者の頭の悪い子で、Yさんの気にもかけてもらえなかったかもしれません。以前は、班でのとりくみにしたりしていましたが、それでは班がしんどくなりかけたので、最近は関心を示してくれた子を中心に、プロジェクトチームみたいなのをつくってとりくんだりしています

●●● ヤッター！　全員100点、宿題なし！

　全員100点というのはなかなかです。でも惜しいときが時どきあります。
　「全員100点になったら、給食のとき牛乳で乾杯しようか」と言ったら、男の子が、「全員が100点になったら、宿題なしにしてほしい」と言い出しました。
　「ほかの子がみんな100点で、1人だけ90点やったら責められるし、責められなくてもつらいで。だれもがそんな立場になる可能性があるねんで…」としぶっていると、「絶対に責めへん、せーめーへん！　せーめーへん！」とシュプレヒコールみたいに言い出すので、まあそうたびたびあることではないし、それではりきってがんばってくれたらう

れしいしと思い、「全員100点になったら、宿題なし」と決めました。
　前日が数人だけ90点で、あとはみんな100点と惜しかったときの翌日は、みんなが５分休みに丸つけをしている私のまわりに集まって、見守っています。「あーあ、送りがなまちがい、99点。残念でした」と言う私の顔がうれしそうに見えたのでしょうか、Ｆさんのミニミニ日記に「先生は、宿題なしになるのがいやみたいですね」と書かれてしまいました。本当はおまけしようかなと思ったんだけど、ほかにもまちがった子がいたからできなかったのだけど、「そんなことないよ、残念だったね」と、返事を書きました。でも、すぐにおまけのチャンスがやってきました。
　ほかの子がみんな100点で、２日間欠席していたＩくん１人だけが「残」の点が欠けていたときです。私の机のまわりで、「先生、２日も休んどってんで、こんな小さい点だけやんか、おまけしたってえや！」と口々に懇願するように言うのです。
　「点が一つ欠けても字にはなれへんねんけどなあ。まあ、２日間休んでたからノーカウントにしてもいいぐらいやけど、病気でもここまで練習したＩくんのがんばりをたたえて、今回だけ特別大サービスでおまけしようか」と100点にしました。
　もう、大歓声で、Ｉくんもうれしそうで、友だちと抱きあって喜んでいました。宿題なしがそんなにうれしいんだなあ！とあらためて感じさせられました。その日のミニミニ日記にＦさんは、「先生は本当はとってもやさしい人でした。前にあんなことを書いてごめんなさい」と書いてくれました。
　国語学習委員が丸つけをするようになってからは、私よりもきびしいので、みんなも一字一字気をつけて書くようになりました。時どきとても惜しいときがあると、「先生、こんなん、おまけできへんなあ」と相談に来ます。国語学習委員だって宿題なしがうれしいのですから、たまには「うーん、ま、いっか」なんておまけしてやると大喜びです。今までで、１年間で全員100点になったのが、いちばん多かったのは昨年の４年生で、８回が最高でした。

のんちゃん先生の楽しい学級づくり

〈18〉いろいろパーティーといろいろ大会

●●● いろいろパーティー

　子どもたちはパーティーが大好きです。大人も好きですね。何かにかこつけて、パーティーをしたがります。きゅうりやトマトができたら、サラダパーティー。さつま芋ができたら、お芋パーティー。収穫を祝ってです。家庭科室に大きなホットプレートが六つあります。たいてい5～6班なので、班ごとでできます。さつま芋は切るのに力がいるので、私の方で5～7ミリの厚さに切ってやります。薄い方が早く焼けて、早く食べられるからです。バター、砂糖、塩と好きなものをつけて食べます。

　お芋パーティーは学年全員や親子PTA活動などですることが多いです。一度にたくさん焼けるからです。

　前任校では、親子PTA活動で「讃岐(さぬき)の手打ちうどんつくり」をして、うどんパーティーをしたことがあります。小麦粉と水を混ぜて、ビニール袋に入れて足で踏みながら練り上げるのです。体育館や生活科室で練ってから、家庭科室でゆでて、だし汁とテンカスときざみねぎだけで食べるのが最高です。

　私のいちばんのお得意で好きなのが、お好み焼きパーティーです。転校する子のお別れ会のときや、長い間病気で休んでいた子が治って出てこれたときのお祝いとか、みんなが何かでがんばったときなどと、いろいろなことにかこつけてやります。

●●● のんちゃん流お好み焼き

　上手に買い物をすれば、1人分50円ぐらいでできます。4年生ぐらいなら、材料を包丁で切らせます。キャベツはみじん切り、こんにゃくもみじん切り、竹輪は半月切り、豚肉は私の方で切っておいてやります。卵の殻が割れない子がたくさんいますので、家で練習しておいてもらいます。桜えびとテンカスは入れるだけです。

　小麦粉の水加減がむずかしいです。卵を入れるとかなり柔らかくなるので、少し固めに練らせておきます。大きなホットプレートに、直径10センチぐらいのお好み焼きを6～7枚焼いて皿にとり、食べている間につぎのが焼けるように、ホットプレートにつぎの分をのせておきます。トンカツソース、マヨネーズ、青のりをつけて食べます。

　子どもたちはさっそく家でもつくります。のんちゃん流お好み焼きはおうちの人にも大好評で、それまで桜えびを入れていなかったおうちも入れるようになったそうです。

　焼きそばパーティーはもっと簡単です。デザートにフルーツポンチをつくったりもします。寝食をともにするとか、同じ釜の飯を食べるとか言いますが、食べるものをいっしょにつくって、いっしょに食べるのは、とても親密さが深まります。

のんちゃん流お好み焼きの作り方

1. Ⓐ 小麦粉に水を入れて練る。
2. Ⓑ キャベツをみじん切りにする。
3. Ⓒ コンニャクをみじん切りにする。
4. Ⓐ チクワを半月切りにする。
5. Ⓑ みじん切りした 2のキャベツ、3のコンニャク、4のチクワ、天カスとほしエビをボールに入れて練る。
6. Ⓒ たまごをボールの角に当てて、ひびを入れ、ボールにわり入れて、練る。
7. ホットプレートに油をひいて、6人分をならべて焼く。
8. ブタ肉をのせて、表面にあながあき始めたら、テコでひっくり返して焼く。
9. 皿にとり、ソースをぬって、青のりをかけて食べる。

著者画

子どもたちは自分たちだけでもよくパーティーをします。昨年はクラスで作っていたマンガクラブのリーダーNさんが、バレンタインパーティーを計画して、私もさそわれたので、少しだけ顔を出したのですが、自分たちで持ちよったチョコレートを交換するのですが、買ったものが多くて、あとは遊ぶのが目的の会でした。でも、招待状を書いたり、買いに行ったりの準備の段階が楽しいのでしょうね。

●●● いろいろ大会

　体を触れ合うことが少なくなっているので、できるだけ体を触れ合うことを取り入れています。冬には、体育館のマットを2枚並べて土俵にし、相撲大会をします。以前、みんなが私と勝負したがり、つい年齢を忘れて全員としたことがあります。体の小さい子や、弱い子は、ひょいひょいと投げられるので、調子にのってやっていたら、つぎの日は体のあちこちが痛くて大変でした。それで、紅白の勝ち抜き戦で優勝した子と勝負することにしています。

　4年生ぐらいならまだ私も負けません。でも、一度、柔道を習っていた子に倒されたことがあります。そのときは、心臓と胃が入れ替わったかと思うほどびっくりしました。

　うでずもう大会は、各班から選ばれてきたチャンピオンが対戦するので盛り上がります。時間があれば、2位どうし、3位どうしの決勝戦などもします。

　遊び係が、楽しい大会をよく計画してくれます。けん玉がはやればけん玉大会、コマ回しがはやればコマ回し大会、紙飛行機がはやれば紙飛行機大会、五目ならべ大会や輪投げ大会などもしたことがあります。冬には、班対抗の大縄跳び大会もします。

　遊び係だけでなく、掲示係も、時どきマンガ大会や好きなキャラクターの絵大会、先生の似顔絵大会をした学年もあります。大会というよりはコンクールで、番号をつけて投票で、優勝やいろいろな賞を考えてクラスを楽しくしてくれます。ときには、参観日に来られたお母さんたちに投票してもらったりもしていました。

〈18〉いろいろパーティーといろいろ大会

●●● クリスマス会の提案

　係以外にも、有志でよびかけてすることもできます。何でも、やりたいことがあったら、やりたい人たちで原案をつくって学級会に提案すればいいのです。やりたい人だけですることであれば、終わりの会でよびかけて、希望者を集めてやればよいだけですが、クラスのみんなでやりたいと思うときには原案を出して、学級会で話し合い、みんなの賛成を得る必要があります。

　原案用の用紙が、作文用紙入れの下に入れてあって、だれでも自由にとって書くことができます。提案理由には、なぜやりたいと思うのか、やったらどんないいことがあるのかを、みんなに賛成してもらえるように書きます。そのほかには、いつ、どこで、だれが中心になってするかを書けば、細かいことは、やることに決まってからでも遅くはありません。

　昨年度やった「クリスマス会」は、2～3人の女子の「もうすぐ12月で今年も終わるから、クリスマス会やりたいなあ」という声から始まりました。

　「今年が終わることと、クリスマス会をすることとは関係ないんとちがう？　この学期末に、大切な勉強の時間をさいてでもやりたいというほどのことなら、それなりの理由がいるよね。まず原案がいるね」と意地悪く挑発しました。子どもたちは、「やったー！　原案つくったらできるかも」と、さっそく原案を考えるなかまを募って、各自が原案用紙に書いてきたものをつき合わせて、よいところばかりを合成して、1枚の原案に仕上げました。

　学級会をする前から、やりたいというクラスの雰囲気はできあがっていましたので、みんなはこの「クリスマス会計画委員」に期待をかけて見守っていました。本当は私も期待していましたが、プログラムや必要な仕事、スケジュールまで細かく書き上げていたので感心しました。こうして、あの感動的なクリスマス会が実現したのです。

　もちろん、「2分の1成人式」の原案づくりも、この子たちが中心になってがんばりました。

のんちゃん先生の楽しい学級づくり

〈19〉参 観 日
子どもたちの生の現場を見てもらう

● ● ● 泣いた太くん

　前任校での4年生のときのことです。5時間目の参観日は、性教育の授業でした。少しでも遊ばせてやろうと、掃除を早く終わらせて運動場へ出したのですが、5時間目の始業のチャイムが鳴る少し前に、太くんが泣きながら帰ってきました。剛くんが、太くんの顔面にボールを当てたらしくて、「先生、剛くんなんか外で遊ばさんといて」と、かなり興奮しています。
　教室の後ろにはお母さんたちがもう並んでいて、心配そうな顔で見ています。「せっかく遊ばせてあげたのが、仇(あだ)になってしまったなあ、もう授業が始まるというのに何でこんなときに…。このまま授業を始めるわけにもいかないし」と、若い頃なら困ってしまったかもしれません。でも、よくあることでしたからあまり焦りもしませんでした。それどころか、遊びの中でぶつかり合って起こったトラブルを、子どもたちが自分たちの力で一つひとつ解決しながら成長していく、生の現場を見てもらういいチャンスだと思ったのです。
　幸い今日は、太くんのお母さんも、剛くんのお母さんも来られています。チャイムが鳴って、汗びっしょりになって帰ってきた子どもたちに向かって、
　私「太くんが泣いて入ってきました。このまま授業をするわけにはいきません。昼休みにどんなことがあったのか聞きます。太くん」
　太（泣きながら）「昼休み、『当てやい』しとって、ぼくばっかり、集中攻撃して、剛くんが、顔面、ねらって、思いっきり、当てました。

いっつもぼくばっかり、ねらうねん」

剛「いっつも太くんばっかりねらっていません。なあ、ぼくかってねらわれるときあるもん。それに『当てやい』やねんから、当たるのがいややったら、せんかったらいいねん」

智「ねらわれたら、やめて教室に逃げたらいいんちがいますか」

（智くんは「当てやい」には不参加です）

太「逃げたら、卑怯者って言われるもん。それに顔面ばっかりねらわんでもいいやんか」

剛「ねらっていません。偶然当たっただけです」

拓「ねらってる。ぼくかって顔面ねらわれたことあります」

剛「でも、顔面禁止って決まってないねんから、どこ当てられても文句なしやん」

智「でも、顔面はあかんで、後ろも後頭部はやばいし、記憶喪失になる恐れがあるからなあ。こわいなあ」

私「ちょっと待って、みんなドッヂボールのときは、首から上は当てたらあかんことになってるでしょう。『当てやい』のときは、決まってないの？」

博「ルールなしやねん。ドッヂのコートがほかの学年に取られて場

所がないときとか、あんまり時間がないときに『当てやい』してるから」(博くんは学級代表委員です)

●●● 新しいルールをつくろう

　私「なるほど、いろいろ工夫してんねんなあ。時間も場所もないときに、簡単にできる遊びを考え出したんやなあ。たいしたもんや。わかりました。ルールというのははじめから決まっているものではありません。やってて困ったことや問題が出てきたときに、みんなの安全を守ったり不公平をなくしたりするために、そのつどつくっていくものです。しかも、誰か1人が決めるものではなくて、みんなで相談して決めたり、まずいところは変えたりしていくものです。『ルールなし』から今日の悲劇が起こってしまいました。太くん以外にも顔面を当てられた人や、ねらわれた人がいることもわかりました。今日痛い目にあった太くんから、『当てやい』のルールをつくる提案をするのがいいと思います。そういうルールがちゃんと決まれば、智くんたちだって『当てやい』に参加できるかもしれないもんね」と言うと、智くんが大きくうなずいてくれました。

　そこへ、音楽の先生が、お願いしていたビデオスタートの合図がないので、どうしたのかと心配して見に来られました。それで、この続きは明日の朝の会が終わってから、クラス全員で話し合うことにしました。太くんももう泣きやんでいました。

　あとの懇談会で、お母さんたちは「どうなることかと心配したけど、ほっとした」「ふだんの授業のときには見ることができない子どもたちのやり取りが見られて、遊びの中でも鍛えられてるんだとわかった」「自分たちの子どものころは、強い子が言えば、それがルールになってしまった記憶があるけど、みんなで話し合って決めていけるように先生がアドバイスしてくれてよかった」「けんかからも学べることがあるんですね」などと、感想を言ってくれました。

　私は、「中学年というのは、遊びの中でのぶつかり合いをとおして、ルールを変えたりつくったり、これ以上やったらまずいという限度を知ったり、トラブルを自分たちの力で解決していく能力を身につけて

いくとても大切な時期なので、できるだけ群れて遊ぶことをだいじにしていきたいし、地域でも群れ遊びを大切にしてやりたいが、時間も遊び場もなくてかわいそうに思っている」ことなどをお話しました。

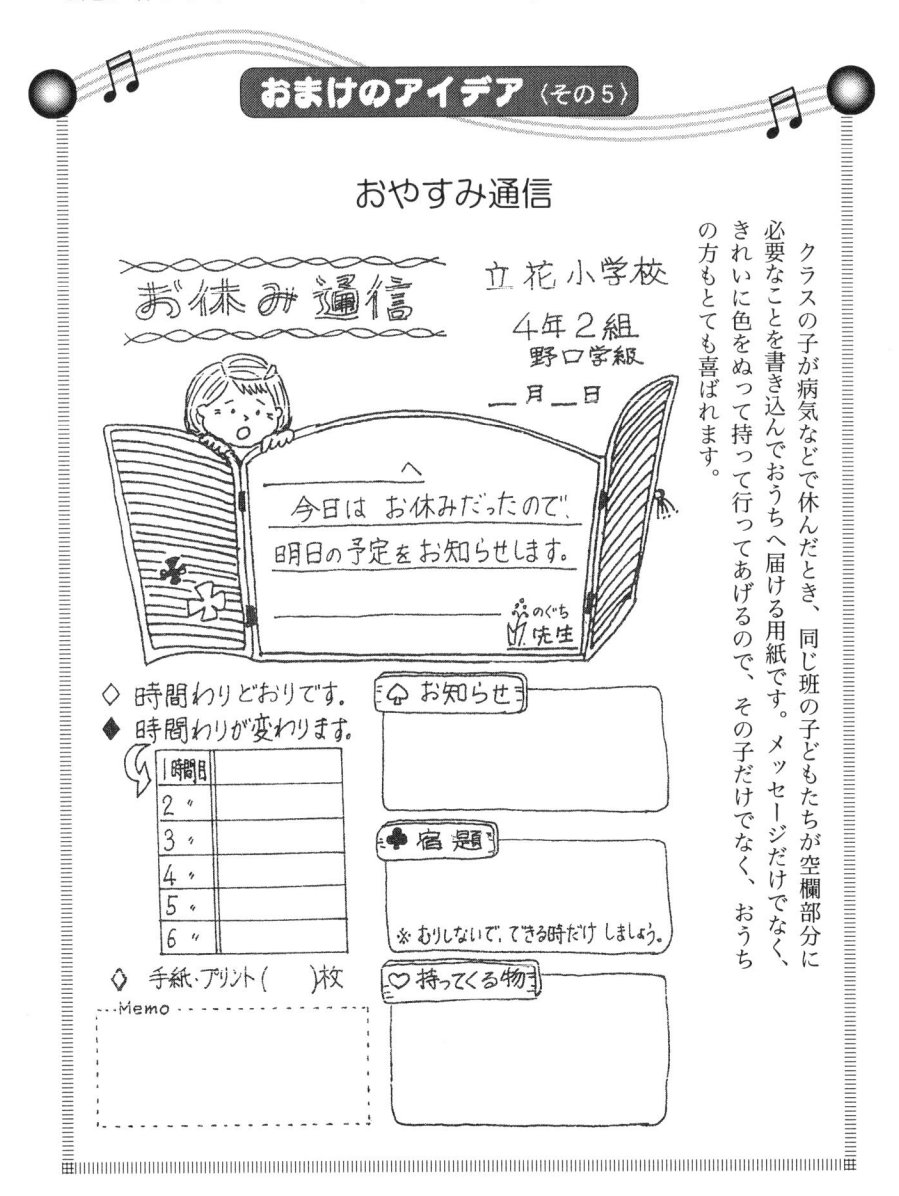

おまけのアイデア〈その5〉

おやすみ通信

クラスの子が病気などで休んだとき、同じ班の子どもたちが空欄部分に必要なことを書き込んでおうちへ届ける用紙です。メッセージだけでなく、きれいに色をぬって持って行ってあげるので、その子だけでなく、おうちの方もとても喜ばれます。

のんちゃん先生の楽しい学級づくり

〈20〉家庭訪問は
　　 ドラえもんを持って

●●•お母さんもびっくり、ドラえもんがしゃべった！

　一昨年、２年生を担任していたときのことです。生活指導のサークルで「てのひらドラ」という手のひらに乗せると電気が流れて、「ぼくドラえもんです」「えへへへへ」「宿題終わった？」の三つの言葉をしゃべるドラえもん人形を手に入れました。持っているだけでもうれしいものですが、使いたくて、使いたくて、いつもポケットに入れてうずうずしていました。

手のひらに乗せるとしゃべる手のひらドラ

　けんかの仲直りのときに、「本当に仲直りできたかな？」とトイレのすみのだれもいないところに連れて行き、２人に手をつながせて、両端の手で「てのひらドラ」の下にある小さな金具（電極）に触れさせます。そうすると、突然「ぼくドラえもんです」としゃべるので、２人ともびっくりしてにっこり、「仲直りできているという証拠です。口だけの仲直りだと『ドラえもん』はしゃべらないんだよ。よかったね。でも、このことはだれにもないしょだよ」と言うと、大きくうなずいて、手をつないだまま、るんるんで教室へ帰って行きました。でも、こんなことはそうたびたびありません。
　そこで思いついたのが、家庭訪問です。おうちの人とのお話が終わったところで、「では、最後に手品を」と言って、ポケットから「ての

ひらドラ」を出します。たいてい子どももおうちにいてくれるので、お母さんと子どもと先生と「ドラ」の4人で手をつなぎます。きょうだいがいるときはきょうだいもつなぎます。何人でも電気は流れます。3回目につなぐと「宿題終わった？」と言うので、「まだー」と返事したりして笑ってしまいます。

　とくにきょうだいげんかが絶えないと困っておられるときは、「けんかするほど仲がいいのですよ」と言って、きょうだいだけでつながせますと、「えへへへへ」とドラえもんが笑って、みんなも大笑いです。お母さんと私の2人だけのときはちょっと恥ずかしいですが、お母さんと「ドラ」と私の3人で手をつないで「1年間よろしくお願いします」と言って帰ります。まさか家庭訪問でも手品が見られると思っていなかったと、お母さんもびっくりです。

●●●離婚を止めた「ドラえもん」

　何かの行きちがいでN子さんのお母さんが家庭訪問の時間におられなくて、第3週目の土曜日に行くことになりました。N子さんと手をつないでおしゃべりしながらおうちの近くまでくると、だんだん無口になってきて、突然「お母さんと、お父さんが離婚するかも知れない。

きのう、大声ですごいけんかをして、とっても怖かったから、Ｎちゃん泣いてん」と言い出したのです。
　これは、私に何とかしてほしいということだなと思いました。家庭訪問時の不在の原因は、夫婦げんかと関係しているかも知れません。
　エレベーターで９階に上がり、ピンポーンで玄関のドアをあけると、お父さんが出て、頭を下げて挨拶されました。お母さんは、居間のテーブルにひじをついて何か疲れた様子ですわっておられました。さっそく、お誕生会のための小さいころのことのインタビューを始めようとしましたら、用意するのを忘れておられたようで、あわてて母子手帳を探しておられました。
　その間、お父さんと話し、実家が私の家の近所であることから何となく意気投合してしまいました。そうこうしている間に、ようやく母子手帳が見つかり、インタビューしているうちに笑いも起こったりして、何となく雰囲気が和らいだところで、
　「ところでＮちゃんが、ご両親の離婚を心配しているようなんですが、どうなんでしょうか？　とっても明るくてしゃきしゃきしていて勉強もがんばっているので、このままのびのびと育ってほしいと願っているので、できればＮちゃんを悲しませるようなことのないように、おふたりでよく話し合っていただけるとありがたいのですが」
　と言うと、お母さんが「あんた次第よ」というような顔でお父さんの方を見ました。「ご心配をおかけしてすいません。まあ大丈夫でしょう」と言うお父さんの言葉に、お母さんもほっとしたようです。
　Ｎ子さんもとてもうれしそうでした。そこで、「じゃあ、手をつないで確かめましょう」と、Ｎ子さんを真ん中にして親子３人で手をつないでもらって、ご両親に「てのひらドラ」の下に指をあててもらいました。
　すると突然、「ぼくドラえもんです」としゃべったので３人とも大笑い。「もう大丈夫や。よかったね。では、これで」と立つと、何と、お母さんがさっと立って、マンションのエレベーターまで見送りにきてくれたのです。エレベーターの扉が閉まると同時に、深々と頭を下げて「ありがとうございました」と言われました。うれしかったのか

〈20〉家庭訪問はドラえもんを持って

も知れません。

おまけのアイデア〈その6〉

〔手品〕コップとボール

伏せた紙コップの上にスポンジのボールをのせて（図1）、その上に2個の紙コップをかぶせ、一番上の紙コップを気合いを入れてポンとたたくと、ボールが紙コップの底を突きぬけて下に落ちるという手品です。

図1

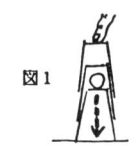

〈たねあかしと見せ方〉

3個のスポンジのボールを机の上に並べ、用意した3個の紙コップを「これは色紙を巻いただけの空っぽのコップです」と言いながら、1個ずつ中を見せます。この時、真ん中のコップにはすでに1個（4個目）のボールが入っています。真ん中だけはそれを落とさない程度に傾けます。1個目をきちんと見せれば、あとははじめから疑う人はいないので、さらりと見せればいいです。

図2

真ん中にはボールが入っているのでそこだけが浮き上がらないように、紙コップの回りを色紙で巻いて、重ねたときにピタッとくっついてしまわないようにしておきます（図2）。

図3

今度は、3個重ねたコップの一番下を下へ抜き、右端のボールの手前に伏せて置きます。真ん中のコップも同様にボールが飛び出さないように気をつけて、真ん中のボールの手前に伏せて置きます。最後のコップは左端のボールの手前に伏せます。この時、真ん中のコップの下にはもうボールが落ちています（図3）。

図4

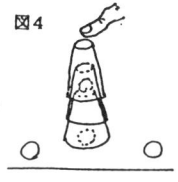

次に、真ん中のコップの上に、その前のボールをのせて、両側のコップを重ねます。一番上のコップを、「エイッ！」と、いかにもボールが落ちたのかと思わせるように気合いを入れてたたき、おもむろに重ねたコップを持ち上げると、ボールがコップの底を通り抜けて落ちたように見えます（図4）。

著者画

のんちゃん先生の楽しい学級づくり

〈21〉ストレスをかかえる子どもたち

●●● 自分の非を認めない剛くん

　前任校での４年生のときです。
　小さいときから体が大きく、腕力が強かったためか、幼稚園のころから「乱暴でわがまま」というレッテルを貼られてきた剛くん。何か問題を起こすと、本人が帰る前にほかのお母さんから電話が入っていて、帰るなり玄関先で叱られていたそうです。盲愛する祖母と仕事一筋のきびしいお父さん、叱ったあと、不憫になって甘やかしてしまうお母さん、毎日のようにけんかする３歳下の弟との間で、自分の非を認めないことで自分を守る子になっていったのかも知れません。
　学校でも家でも地域でも、常にガミガミ言われ、叱られることに慣れてきているから、とにかく気持ちをじっくり聞いてあげよう、そして良いところをみんなに知らせて、それまでの既成概念を崩すとともに、まわりの子たちをもっと強くしていこうと思いました。そして、お母さんには、ほかのお母さんから電話が入る前に、必ず私の方から先に連絡して、事情を知った上で余裕を持って話が聞けるようにしてあげようと思いました。

●●● 窓からゴミを捨てた剛くん

　遊びが大好きで、すごい行動力とパワーのある剛くんですが、掃除のときは最悪です。靴箱の上に寝そべっているところを６年生の先生に見つかって叱られたこともありました。みんなで掃き集めたゴミをちりとりにとって窓から捨てたときは、さすがにみんなも怒って、終

わりの会で取り上げられました。
　日番「剛くん、何で窓からゴミを捨てたんですか」
　剛「むかついたから。どこに捨てたらいいかわからんかったから」
　太「何でやねん、ゴミ箱に捨てるに決まってるやんか」
　日番「４年生になってからも何回も掃除をして、ゴミ箱に捨ててきたのとちがいますか」
　剛「忘れていました」
　拓「忘れるはずないと思います。掃除のとき、いつもまじめにやってくれないから困っています」
　日番「剛くん、班のみんなにあやまって、これからはまじめに掃除をすると約束してください」
　剛「いやです。自信ありません」
　子どもたちの間から「何でやねん！　ええかげんにしろや！」と怒りの声があがりました。

　●●• 剛くんのストレスの原因は？

　私「剛くん、何でなの。何が原因なの。もし学校に原因があるとしたら、みんなが窓からゴミを捨てるはずや。いったい何にむかついて

んの？　家の方で思い当たることはない？」
　剛「弟が、いつもむかつく」
　私「弟だけ？　そのほかには？」
　剛「習い事がむかつく。土曜日なんか多いときで一日に三つもあってんで。スイミングに行って、習字行って、それからサッカー行って」
　私「そうか、わかった！　習い事でストレスたまってたんや」
　剛「ストレスはないねん、肩もこれへんし」
　私「肩こりだけがストレスじゃないよ。あーっ、そうか！　だから窓からゴミ捨てるんや。あんた、学校でストレス発散してるんや。じゃあ、これをやめさせたらやっていかれへんのかあ。でも、そういうストレスの発散のさせ方ってまずいんちがう？　みんなに迷惑かけない発散のさせ方を考えないと。その前に、まずストレスの原因を減らさなあかんわ。今習ってるうち、どれをやめたい？」
　剛「全部やめたい。そやけどあかんねん。これ全部やらなアホになるから」
　私「アホになる？　あなたもしかしたら、勉強のできへん人のことをアホって思ってるのと違う？　勉強ができへんのは、その人のせいじゃない。先生の教え方が悪いか、年齢に合わないむずかしいことを習わされてるからや。それだって、今わからなくても大人になったらできるようになってる。早いか遅いかの違いだけや。そんなんアホじゃない。本当のアホっていうのは、人間としてこんなことはしたらあかんで、と誰もが思うようなことを平気でする人や。窓からゴミを捨てるのは？」
　みんな「アホや！」
　私「そうやで、あなたはもうすでに立派なアホなんや。だから、これ以上アホにならないためには、今の生活を変えるしかないんや。もうすぐ参観日があるから、先生、学級懇談でお母さんに言ってあげる。習い事を減らしてあげてって」
　ここまで言うと、クラスのあちこちから「それやったら、ぼくも空手やめたい！」「ぼくも、塾やめたい」「私も！」と声が上がりました。

〈21〉ストレスをかかえる子どもたち

　私「えーっ！　みんな、いやいや行ってんの？　みんなも苦しんでんねんや！　じゃあ、ほかの人は、何でストレス発散してるの？」
　博「休み時間に思いっきり遊ぶ。塾で遊んでおこられてる。学校でどうしてんねんって聞かれたから、学校ではまじめにしてますって言ってる」
　博くんは、この塾で、もう６年生の勉強をしているそうです。他にも「ハムスターいじめてる」「アリを殺してる」「姉ちゃん泣かしてる」「おやつをいっぱい食べる」「土曜や日曜にお出かけしたり、買い物したりして発散してる」などの声があがりました。
　そこで、各自の１週間の生活表を書いて、遊びは赤、スポーツは緑、宿題は黄、塾などの習い事は全部オレンジ、睡眠や食事、移動中などは全部ブルーに色分けしてみることにしました。

●●● 習い事でびっしりの日々

　翌日、１週間の生活表を配りました。博くんが「先生、これ何で11時までしかないん？」と聞くので、「11時なんか寝てるから、いらんやん」と答えると、「寝てないって！　勉強してる！　寝るのは12時前や」と言うのです。「過労死するでー」とびっくりして言うと、プロの野球選手になるために、どうしても大阪の高校に行きたいからがんばってると言うのです。
　今、いちばんしたいことに、博くんは「思いっきり寝たい」と書いていました。ほかに「１日中遊びたい」や「つり」「ピアノ」という子もいましたが、「ない」という子がいちばん多くて驚きました。
　尼崎の中でも進学熱の高い地域性もあってか、クラス33人中17人が塾や英語教室などに通い、そろばん、ピアノ、スポーツなども含めて、何も習っていない子は３人だけでした。その子たちは、土曜、日曜は「ヒマ」と書いていて、時間はあっても遊び相手がいません。
　１人で四つ習っている子もいます。まだ10歳なのに、これではストレスがたまらない方が異常だと、かわいそうになってきました。
　窓からゴミを捨てた日、いくら「アホ」の意味を教えるためとはいえ、子どもをアホ呼ばわりするなんて（剛くんは妙に納得してしまって

いたのですが)申し訳なくて、剛くんが家でどんな報告をしているかも気になって、その晩お母さんに電話し、ありのままを話しました。お母さんとは、何でも率直に話ができる関係になっていました。

　剛くんは「アホ」のことは話していませんでしたが、帰るなり「懇談会の時に、習い事のことで、先生がお母さんに注意してくれるって言った」とうれしそうに言ったとのことでした。

「全部自分からやりたいって言って始めたことなのに、やめたかったらやめてもいいって言ってるんです。先生がどんなお話をしてくださるか楽しみにしています」と言われて、「いやあ、注意なんてしようとは思っていません。私はせいぜい1年のつき合いだし、親ごさんがわが子の一生のことを考えて、よかれと思ってされていることをとやかく言う資格はありません。ただ、自分からやりたいと思ったことでもいくつか重なると、時間的にも縛られて自分の生活が窮屈になり、それがたまってストレスになるということがあります。ストレスの発散のしかたも含めて、子どもといっしょに考えてもらえたらいいと思ってるんです」と答えました。剛くんの、お母さんへの言い方がおかしくて、電話を切ってからも思い出し笑いをしてしまいました。

〈21〉ストレスをかかえる子どもたち

●●● 学級懇談会──子どものストレスについて考えよう

　まず、学校での生活について、月曜日を例にとってお話ししました。
「朝8時半から午後3時半までの7時間のうち、純粋な遊び時間は2時間目と3時間目の間の20分休みと、昼の15分休みの35分しかありません。授業の間の5分休みは、トイレとお茶、教室移動で消えてしまいます。放課後もそれぞれの習い事のために空いている日がばらばらで、子どもどうしで群れて遊ぶ場がなくなっています。昔はもっと遊び時間があったのに、学習指導要領が変わるたびに、子どもの成長・発達にとって大切な遊び時間が削られてきました。
　その上、学習内容は、私たちが子どものころよりもはるかに多く難しくて、子どもたちに大きな負担となっています。私はいつも『みんな偉いねえ、先生はこんなことは中学生のときに習ったんだよ。先生もわかるように教え方を工夫するから、みんなも大変やけどがんばってね』って言っています。
　だから、学校から帰ったときは、『ご苦労さま。お疲れでしたね。おやつでも食べて休憩してください』って言ってもらってもいいくらいなのですが、なかなかそうはならなくて、『遅かったじゃないの、何してたの？　はい、これ持って、早く○○に行きなさい』って言われてるのかなあ、それやったらかわいそうやなあと思っています」
　次に、子どもたちの1週間の生活表から、私たちの子どものころとは比べものにならないくらい、過密な生活をしていることに胸を痛めていることをお話ししました。
「今、子どもで生きていく方がうんと大変な時代だと痛感しています。ストレスがたまらない方が不思議です。ときにはストレスに押しつぶされそうになりながらも、子どもたちは本当にけなげに、したたかに、きびしい現実とつき合っていると感心しています。
　子どもの将来のためにと思ってされていることが、本当に子どものためになるのかどうか、今しかできないことを犠牲にさせて、大切なものを失わせてはいないか、子どもの生活表を今一度見ていただいて、子どもといっしょにストレスについても考えてやってもらえたらうれ

しいと思っています」

お母さんの方からは、「継続は力」「一度やりかけたことを簡単にやめさせるのも心配」などの意見が出ました。私は、「子どもがつぶれると判断したら、思いきってやめさせる勇気も必要ではないでしょうか」と答え、習い事について、それぞれの家庭で子どもと話し合ってみてほしいとお願いしました。

後日、おうちの人のグループノートに「先生が、子どもたちのストレスの解消のしかたまで心配してくれて、親身になって子どものことを思ってくれているのに感動しました」と書いてくれた方もいました。

親子で話し合う中で、いつの間にか習い事が主人公になって、習い事が子どもを支配する関係になっていたことが共通理解できたようです。これ以後は、少なくとも子どもが主人公になって、習い事を客観的に見、自分の意思で習い事としたたかにつき合えるようになっていきました。

剛くんは、バタフライが終わればスイミングをやめられると喜んでいました。これだけで変わったわけではありませんが、剛くんも少しずつ変化していきました。先生が、自分の重荷や苦しみに耳を傾けてくれた、いっしょに何とかしようとがんばってくれた、と思ってくれたのかも知れません。

今思えば、親子討論会にしてもよかったかな？　なんて思います。

のんちゃん先生の楽しい学級づくり

〈22〉一年間のしめくくりの会

●●● お別れ会で、1年間をふりかえる

　楽しかった1年が終わるときがやってきました。1年間いっしょに過ごしたクラスの仲間ともお別れです。楽しかった1年間のさまざまなとりくみをふり返り、みんなの成長をたしかめあいながら、新しい学年に向かって、飛行機が離陸準備をするような、そんなお別れ会にしたいものです。班での最後の活動として、班ごとでとりくんでもいいし、やりたいグループでやってもいいと思います。

　転勤した年に担任した3年生では、3月に1、2、3月生まれの人のお誕生会をすることになっていましたので、2月の参観日に、少し早いですが「1年間をふりかえる会」をして、この1年間での3年2組のみんなの成長を、おうちの人に見てもらおうということになりました。見てくれる人がいると、子どもたちはとてもはりきります。

　さっそく学級会で、4月からの思い出を出し合いました。みんなもけっこう覚えていましたが、このときに大いに役に立ったのが、毎週掲示係が貼ってくれていた学級新聞『ひまわり号』です。

　もう30号になっていました。「あーそうやったなあ！」「そんなこともあったなあ」と、思い出はつぎからつぎと出てきましたが、とても全部を再現することはできませんので、いちばん再現したいものを1カ月に一つずつにしぼってすることになりました。

　班でしようという意見もありましたが、4月から2月までの10カ月なので、自分がやりたいと思う月に3～4人ずつに分かれて入り、その月のできごとのナレーションやシナリオを書いて出演するというの

です。せっかくお母さんたちが来てくれるので、お母さんたちにも出演してもらう場面をつくろうということにもなって、がぜんはりきり出しました。

どの月もだいたい３～４人ずつになり、さっそくシナリオつくりが始まりました。学級新聞『ひまわり号』は、月ごとにばらばらにされて大活躍です。劇などで再現できそうなもの、ナレーションだけですませるもの、紙芝居か、ペープサートなどで再現できるかどうかなど、いろいろ知恵を出し合っていました。

●●● ３の２の１年間をふりかえって

黒板に「１年間をふりかえって」と切り抜いた文字を貼ります。その下に、うす紫色の大きな短冊に、「はじめの言葉。歌『うたよ、ありがとう』」と書いたものをいちばんはじめに、そして「歌『ありがとう、さようなら』。おわりの言葉」と書いたものを最後に、その間に、オレンジ色の短冊に各月のテーマを書いたものを、４月から順に貼っていきます。この短冊が、そのままプログラムになります。

司会「楽しかった３年生もあと１カ月になりました。この１年間で、楽しいことがいっぱいありました。今から、みんなでどんなことをがんばってきたかをふり返ってみましょう。では、今から『１年間をふりかえる会』をはじめます」（拍手）

司会「では、はじめに、今月の歌『うたよ、ありがとう』を歌いましょう。みんな立ってください」（歌）

司会「今から、『この１年間をふりかえって』をします。４月の人お願いします」

４月：「みんなは３年生。野口先生さん上」

着任式の印象がよほど強烈だったのでしょうか。みんなが３年生になって、手品が得意で、やさしくて美人（これはちょっと、お世辞）の野口先生のクラスになってうれしかった。Ｙさんが野口先生の役になって、着任式の再現です。新聞紙と水の手品は無理なので、紙コップの手品を教えました。担任発表での喜びを再現してくれました。

５月：「はじめてのおたん生会」

▲「はじめのことば」。上手に言えたね。ごくろうさま（拍手）

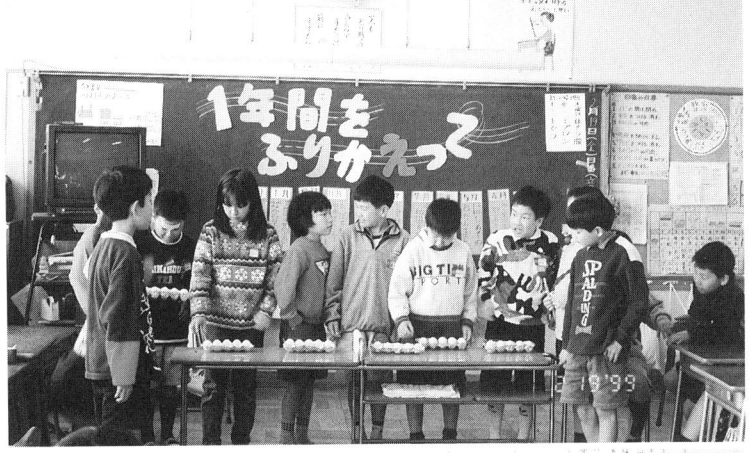

▲「立花まつり」（10月）のたこやきゲーム屋。トンカツソースと青のりの香りが。

▲しめくくりの会にはお母さんたちも参加。たこやきゲーム、なかなかむずかしいなあ！

4、5月生まれの人が先生のひざに抱っこされて、みんなでその人の小さいころのことを、お母さんのインタビューで聞いた。班の出しものがとても楽しかったけど、再現するのは無理なのでインタビューを聞く場面を再現します。先生も応援出演です。
　6月:「算数のけんきゅうじゅぎょう」
　全校の先生が見にこられてすごくきんちょうしたけど、あとでほめられてうれしかった。「円」を書く三つの方法を、そのとき黒板で説明した3人の人に、もう一度やってもらいます。(よく覚えているものだなあと感心します)
　7月:「楽しいプール。Wくん、Sさんが転校」
　プールで泳げるようになったのがうれしかったし、大波をつくったりしたのが楽しかったけど、再現するのは無理なので、これはナレーションだけ。WくんとSさんが転校して悲しかったことと、Wくんからきた手紙をみんなに紹介します。
　9月:「2学期がスタート。がんばった運動会」
　何度も練習してがんばった「ボールをつかったリズム運動」のいちばんかっこいい場面を、本当はみんなでやりたいけど無理なので、6人ぐらいで再現します。
　10月:「楽しかった、立花まつり」
　発砲スチロールの玉をつまようじでころがして、本物のトンカツソースと青のりをつける「3の2のたこやきゲーム屋」は大繁盛で、とっても楽しかったから、これをお母さんたちにさせてあげたいということになりました。班から1人ずつ代表を出しての競争のあと、お母さんたちの出番です。お母さんたちも大喜びでした。
　11月:「TOくん転校、TNくんさん上。音楽会(リコーダー)」
　TOくんが転校したのは悲しかったけど、すぐ入れ替わりにTNくんが来てくれて、とてもうれしかったのをナレーションで。音楽会は、3年生ではじめて習ったリコーダーの演奏を、みんなで再現です。
　12月:「親子ドッヂボール大会。風船バレーボール」
　学年PTA活動でやった親子ドッヂボールはナレーションで、雨の日のみんな遊びでした風船バレーボールを、お母さんたちと対抗でや

りたいということになり、せまい教室で大変。寒い時期でよかったです。

　1月：「3学期スタート。社会見学」

　バスで行った社会見学。遠足みたいで楽しかった。中央卸売り市場の冷凍倉庫の中の寒さや、みどり園でのお弁当、田能遺跡の昔の家などを紙芝居でうまく描いていました。

　2月：「がんばったマラソン大会」

　準備体操をして、みんなの前を走ります。何周走るつもりかと思うほど走ります。途中で声をかけ合い、はげましあいながら走っているところを再現です。20周ぐらい走ったのでしょうか。やっとゴール。何とゴールのあとのアメまで用意していました。2月チームのSくんのお母さんが、みんなにもあげてくださいと、全員分持ってきてくれていたのです。思いがけないプレゼントにみんな大喜び。しばらくは、アメを食べながら、Sくんたちの疲れがとれるのを待ちます。

　司会「Sくんのお母さん、ありがとうございました」

　みんな「ありがとうございました」

　Sくんの母「いいえ、差しでがましいことをしまして」

　私「とんでもありません。思いがけないごほうびで、本当にありがとうございました」

　司会「3年生の4月から2月までをふりかえりました。どの月のチームもとっても上手にできましたね。みんなで拍手をしましょう」（拍手）

　司会「つぎは、歌です。『ありがとう、さようなら』を歌います。みんな立ってください」（歌）

　ここで、突然、プログラムにはない「おうちの人への呼びかけ」が、「ありがとう、さようなら」のピアノ曲（もちろんテープです）をバックに入ります。みんながいっせいに、お母さんたちの方へ向きます。言う内容は、みんなで検討しました。「来てくれたことを感謝したい」「少し反抗期が出てきて口答えばかりしているのを、できればあやまりたい」、そして「これからも見守ってほしい」「がんばるから」というようなことが出てきました。確かに、懇談でも、けっこう口答え

が多くなって、負けそうだと言われていました。そこで、
　１班「おうちのみなさん、きょうは、ぼくたち（男）、私たち（女）のために、お忙しい中を、『１年間をふりかえる会』に来てくださって、ありがとうございました」
　みんな「ありがとうございました」
　２班「きょう見てもらったとおり、４月から、みんなで力を合わせて、いろいろなことをがんばってきました」
　３班「この１年間で、からだも心も、少し大きく成長してきたと思います」
　４班「でも、家では、まだわがままを言ったり、生意気なことを言って、困らせたりしてごめんなさい」
　５班「あと１カ月で、４年生になります。これからの１カ月も、４年生に向かって、みんなで力を合わせてがんばっていきます」
　６班「おうちのみなさん、これからも、いつまでも、見守っていてください」
　みんな「見守っていてください」
　「ありがとう、さようなら」のバックミュージックの効果もあってか、お母さんたちの目にきらりと涙も光り、大きな拍手がおこります。
　司会「とっても楽しい11カ月でしたね。いつまでもこの組でいたいけど、４月にはまた新しい学年になります。残りの１カ月も、みんなで力をあわせて楽しくしていきましょう。これで、『３の２の１年間をふりかえって』を終わります」(拍手)
　この年の３月のお別れ会は、家庭科室でお好み焼きパーティーをして、１年をしめくくりました。

✺――あとがき

　私は４人きょうだいの長女でしたから、近所の小さい子どもたちの中ではガキ大将でしたが、学校では童話とマンガが好きな内気な少女でした。高校に入学した時は、漫画家かコックになろうと思っていましたが、もし大学に合格したら教師になりたいと、高３の時は必死で勉強しました。大学では、当時盛んだった学生運動にも関心がなく、２年から始めたバドミントンと宮沢賢治に夢中でした。

　子どもたちへの愛情と、教育への情熱があればと、甘い気持ちで教壇に立った１年目、私は教師には向いていないのではないかと真剣に悩みました。「もし、人生でやり直すことができるのなら、あのときのクラスをもう一度」と思う１年でしたが、その子どもたちが20歳のときに、６年生に持ち上がらなかった私を、同窓会に呼んでくれたのです。

　毎日、終わりの会が長引いて、職員会議にも出なくて、何度も放送で呼び出された話になった時、「終わりの会より職員会議を優先する先生だったら、今日ここに呼んでいなかったと思う」と言われて、未熟で不器用だったけど、子どもを大事にしようとしていたんだな、それを子どもたちはわかってくれていたんだなと思いました。

　苦しい経験から得たものは大きく、２年目からは一転して教師を天職と思い、私に担任される子どもたちのために、もっと自分を磨かなければと、民間教育研究サークルに片っ端から通いました。そこで、生活指導サークル「全国生活指導研究協議会（全生研）」と出会い、内気で精神主義的だった私が大きく変わっていったのです。

　長い教師生活の中には、いま思い出しても赤面するような失敗や、申し訳なかったなあと思うことが幾つもあります。でもそのたびに、サークルの仲間、組合や職場の仲間に支えられ、そして誰よりも子どもたちや保護者の方々に励まされ、その中で多くのことを学びながら、教師として育ててもらったと思います。

　子どもたちによりよい教育をしたい、学校を心から楽しいと思える場所にしてやりたいと願う気持ちが教育実践から、子どもたちを苦し

める「学習指導要領」の見直しや、30人学級の実現を求める運動をすすめようと、組合役員にも立候補しました。どんなにしんどくても子どもたちの顔を見たら元気になれるのに、その子どもたちから離れるのはとてもつらかったのですが、1993年の４月から２年間、専従として尼崎市教職員組合の執行委員長をしました。

　そして、２年目の1995年１月17日、あの阪神・淡路大震災にあったのです。震災からの復興のために連日夜遅くまで勤務し、疲れ果てていた時、被災地の子どもたちを励まそうと、全日本教職員組合（全教）からＪリーグの選手のサイン色紙とサッカーボールが送られてきて、手分けして尼崎の各学校に配って回りました。ちょうど休み時間に、ボールを持って校門に入ったとたん「わあ、サッカーボールや！　これ、くれるん？」と、私を取り囲んで大喜びする子どもたちの顔を見た時は、もううれしくてからだの底から元気がわき上がってきて、とても幸せな気持ちになりました。その年の４月から学校に戻りました。

　いま教室に行けば、いつも私を待ってくれている子どもたちがいる幸せをかみしめています。

　学校が子どもにとって少しでも楽しい場所にしてやりたいと思い、子どもたちが主人公の「楽しい学級づくり」をめざして、さまざまな取り組みをしてきました。この本の中のどれか一つでも学校や学級で役立てていただけましたら幸いです。

　そして、子どもを「人材」としてではなく、かけがえのない「人間」として大切に育てることをうたった「教育基本法」のめざす教育を、いっしょに実現していけたらと願っています。

　最後になりましたが、本の構成など、さまざまなアドバイスをいただいた高文研の金子さん、かわいいイラストで本の中身をより豊かにしてくださった漫画家の広中建次さんには大変お世話になり、ありがとうございました。

　　2002年８月

　　　　　　　　　　　　　　　　　　　　野口　美代子

野口美代子（のぐち・みよこ）

1946年、兵庫県尼崎市に生まれる。1968年3月、神戸大学教育学部卒業。同年4月、尼崎市立名和小学校を出発点に、常光寺小学校、園和小学校を経て1998年、現在の勤務校立花小学校へ（注・1993年から2年間は尼崎市教職員組合執行委員長として専従勤務のため休職）。
全国生活指導研究協議会全国委員。
共著書に『メッセージ学級集団づくり〈5〉夢のある少年期を生きる』（明治図書）『女性教師──その眼と心』（高文研／絶版）『学級崩壊Ⅲ　小学校中学年』（フォーラム・A）『教育実践事典（4）生活指導』（旬報社）

のんちゃん先生の楽しい学級づくり

- ●2002年10月 1 日──────第1刷発行
- ●2006年 6 月15日──────第3刷発行

著　者／野口　美代子
発行所／株式会社 高文研
　　　　東京都千代田区猿楽町2-1-8 〒101-0064
　　　　TEL 03-3295-3415　振替00160-6-18956
　　　　http://www.koubunken.co.jp
組版／WebD
印刷・製本／精文堂印刷株式会社

★乱丁・落丁本は送料当社負担でお取り替えします。

ISBN4-87498-292-1 C0037

高文研の教育書

●価格は税別

子どものトラブルをどう解きほぐすか
宮崎久雄著　■1,600円

パニックを起こす子どもの感情のもつれ、人間関係のもつれを深い洞察力で鮮やかに解きほぐし、自立へといざなう12の実践。

教師の仕事を愛する人に
佐藤博之著　■1,500円

子どもの見方から学級づくり、授業、教師の生き方まで、涙と笑い、絶妙の語り口で伝える自信回復のための実践的教師論！

聞こえますか？ 子どもたちのSOS
富山芙美子・田中なつみ他著　■1,400円

塾通いによる慢性疲労やストレス、夜型の生活などがもたらす心身の危機を、5人の養護教諭が実践をもとに語り合う。

朝の読書が奇跡を生んだ
船橋学園読書教育研究会＝編著　■1,200円

女子高生たちを"読書好き"に変身させた毎朝10分間のミラクル実践「朝の読書」のすべてをエピソードと"証言"で紹介。

続 朝の読書が奇跡を生んだ
林　公＋高文研編集部＝編著　■1,500円

朝の読書が全国に広がり、新たにいくつもの"奇跡"を生んでいる。小・中4編、高校5編の取り組みを集めた感動の第2弾！

中学生が笑った日々
角岡正卿著　■1,600円

もち米20俵を収穫した米づくり、奇想天外のサバイバル林間学校、学年憲法の制定…。総合学習のヒント満載の中学校実践。

子どもと歩む教師の12カ月
家本芳郎著　■1,300円

子どもたちとの出会いから学級じまいまで、取り組みのアイデアを示しつつ教師の12カ月をたどった"教師への応援歌"。

子どもの心にとどく指導の技法
家本芳郎著　■1,500円

なるべく注意しない、怒らないで、子どものやる気・自主性を引き出す指導の技法を、エピソード豊かに具体例で示す！

教師のための「話術」入門
家本芳郎著　■1,400円

教師は（話すこと）の専門職だ。なのに軽視されてきたこの大いなる"盲点"に〈指導論〉の視点から本格的に切り込んだ本。

新版 楽しい群読脚本集
家本芳郎＝編・脚色　■1,600円

群読教育の第一人者が、全国で開いてきた群読ワークショップで練り上げた脚本を集大成。演出方法や種々の技法も解説！